Citiensis Apollonius, Hermann Schöne

**Apollonius von Kitium**

Citiensis Apollonius, Hermann Schöne

**Apollonius von Kitium**

ISBN/EAN: 9783744642415

Hergestellt in Europa, USA, Kanada, Australien, Japan

Cover: Foto ©ninafisch / pixelio.de

Weitere Bücher finden Sie auf **www.hansebooks.com**

# APOLLONIUS VON KITIUM

ILLUSTRIERTER KOMMENTAR ZU DER HIPPOKRATEISCHEN SCHRIFT

## ΠΕΡΙ ΑΡΘΡΩΝ

HERAUSGEGEBEN

VON

### HERMANN SCHÖNE.

MIT 31 TAFELN IN LICHTDRUCK.

LEIPZIG,
DRUCK UND VERLAG VON B. G. TEUBNER.
1896.

# MEINEM VATER

ZUGEEIGNET

24. DEZEMBER 1895.

# EINLEITUNG

Die älteste Handschrift der umfangreichen Sammlung griechischer Schriften chirurgischen Inhalts, welche den Kommentar des Apollonius von Kitium zu der hippokrateischen Schrift περὶ ἄρθρων erhalten hat, ist der codex Laurentianus LXXIV, 7. Über diese Handschrift, welche ein wertvolles und unter verschiedenen Gesichtspunkten merkwürdiges Erzeugnis byzantinischer Betriebsamkeit ist, haben Cocchi in seinem Werke: Graecorum chirurgici libri (Florenz 1754) an verschiedenen Stellen, Bandini im Catalogus cod. gr. bibl. Laur. III, 53—93 und jüngst Ilberg und Kühlewein in den Prolegomena ihrer Hippokratesausgabe (vol. I pag. XIII—XV) Mitteilungen gemacht. Durch Untersuchung derselben bin ich jedoch über ihren ursprünglichen Umfang und ihr Alter zu Ansichten gelangt, welche von den Aufstellungen dieser Gelehrten abweichen. Es scheint daher angezeigt, auf diese Fragen hier von neuem einzugehen, um zum mindesten den thatsächlichen Befund genauer, als es bisher geschehen ist, zu präcisieren.

Was zunächst das Äußerlichste betrifft, so enthält diese Pergamenthandschrift in ihrem heutigen Zustande zwei verschiedene und sorgfältig zu unterscheidende Blattzählungen, von denen die ältere mit Tinte eingetragen, die jüngere dagegen eingedruckt ist. Die ältere, eingeschriebene Zählung berücksichtigt die beiden Schmutzblätter, welche der Hs. beim Einbinden im 15. oder 16. Jahrhundert am Anfang und am Ende beigeheftet worden sind, nicht, sondern bezeichnet das heutige zweite Blatt mit der Zahl 1 und das letzte beschriebene Blatt mit der Zahl 405. Die neuere, eingedruckte Zählung dagegen begreift jene beiden Schmutzblätter ein und geht von 1 bis 408. Der sofort in die Augen springende Widerspruch zwischen diesen beiden Zählungen erklärt sich aufs einfachste daraus, daß das 85. Blatt der neueren Zählung bei der älteren versehentlich übergangen worden ist und keine geschriebene Nummer erhalten hat. Hieraus ergiebt sich als Grundsatz für uns und für künftige Benutzer der Hs., daß die Blätter derselben mit den aufgedruckten, nicht mit den aufgeschriebenen Nummern zu bezeichnen sind.

Die Hs. enthält also heutigen Tages 406 alte Pergamentblätter (fol. 2—407), von denen fol. 180ᵛ—225ʳ durch den Text des Kommentars von Apollonius nebst den ihm eingefügten Illustrationen eingenommen werden. Sie ist am Anfang und am Ende vollständig; im Inneren dagegen hat sie nicht nur eine einzelne Störung der ursprünglichen Anordnung der Blattlagen, sondern auch nicht unerhebliche Blattverluste erlitten. Um hierüber Klarheit zu schaffen, empfiehlt es sich, zunächst die Kustoden der noch vorhandenen Blattlagen, soweit sie erhalten sind oder sich mit Sicherheit ergänzen lassen, in einer Tabelle zusammenzustellen.[1]

| | | | |
|---|---|---|---|
| fol. 10ʳ ⟨α⟩ weggeschnitten | fol. 122ʳ ιζ (obere Hälfte weggeschnitten) | | |
| fol. 18ʳ ⟨β⟩ weggeschnitten | | | |
| fol. 26ʳ ⟨γ⟩ weggeschnitten | fol. 130ʳ ιη | | |
| fol. 34ʳ δ | fol. 140ʳ ιθ | | |
| fol. 42ʳ ε | fol. 148ʳ κ | | |
| fol. 50ʳ ⟨ϛ⟩ weggeschnitten | fol. 156ʳ κα | | |
| fol. 58ʳ ⟨ζ⟩ weggeschnitten bis auf einen geringen Rest | fol. 164ʳ κβ | | |
| | fol. 172ʳ κγ | | |
| | fol. 182ʳ κδ | | |
| fol. 66ʳ η | fol. 191ʳ κε | | |
| fol. 74ʳ θ | fol. 199ʳ κϛ | | |
| fol. 82ʳ ⟨ιβ⟩ weggeschnitten; von jüngerer Hand über der rechten Kolumne ιβ [2]) | fol. 206ʳ κζ | | |
| | fol. 214ʳ κη | | |
| | fol. 222ʳ κθ | | |
| fol. 90ʳ ιγ | fol. 230ʳ λ | | |
| fol. 98ʳ ιδ | fol. 238ʳ λ⟨α⟩; weggeschn. ⟨α⟩ | | |
| fol. 106ʳ ιϛ (von jüngerer Hand durchgestrichen) | fol. 246ʳ λ⟨β⟩; weggeschn. ⟨β⟩ | | |
| | fol. 254ʳ ⟨λγ⟩ weggeschnitten | | |
| fol. 114ʳ ιε | fol. 262ʳ λ⟨δ⟩; weggeschn. ⟨δ⟩ | | |

1) Der Quaternio fol. 2—9, welcher auf fol. 2ʳ—6ᵛ ein Inhaltsverzeichnis der Hs. von einer von der Textband verschiedenen Kalligraphenhand und auf fol. 7ʳ—8ᵛ drei Gedichte, von weiteren drei verschiedenen Händen geschrieben, enthält, ist in die Quaternionenzählung der Hs. nicht einbegriffen.

2) Diese Bezeichnung ist richtig, da der Text des Quaternio fol. 82—89 durch den folgenden, fol. 90—97 umfassenden, welcher noch seine ursprüngliche Bezeichnung ιγ trägt, ohne Unterbrechung fortgeführt wird. Ich setze zum Beweis die letzten drei Zeilen von f. 89ᵛ und die ersten drei Zeilen von fol. 90ʳ her:

| ἐάφη θᾶττον ἂν ἡ κατα | fol. 89ᵛ | ὡς εἴ γε μηθεὶς ἐκ τῶν πεπον | fol. 90ʳ |
| τοῦτο ὑποκειμένη μήνιε | | θοτῶν εἴ χωρ ἐν τοὶς ἐρρεῖ |
| ἐπωρώθη κατα τὸ κάταγ | | περιττον ἦν ἐκκοπτειν ἐς |
| μα | | |

Dieses Bruchstück eines Satzes steht bei Galen X, 453, 3—6 K.

fol. 270' λε                     fol. 342' μ⟨δ⟩; weggeschn. ⟨δ⟩
fol. 278' λϛ                     fol. 350' με
fol. 286' ⟨λζ⟩ weggeschnitten    fol. 358' μϛ
fol. 294' ⟨λη⟩ weggeschnitten    fol. 366' μζ
fol. 302' ⟨λθ⟩ weggeschnitten    fol. 374' μη
fol. 310' μ                      fol. 382' μθ
fol. 318' μ⟨α⟩; weggeschn. ⟨α⟩   fol. 390' ν
fol. 326' μβ                     fol. 398' ⟨να⟩ weggeschnitten
fol. 334' μ⟨γ⟩; weggeschn. ⟨γ⟩   fol. 406' ν⟨β⟩; weggeschn. ⟨β⟩

Die Handschrift besteht also in ihrem heutigen Zustand aus einer gröfseren Zahl von Quaternionen, zwei Quinionen (fol. 130—139 und f. 172—181) und zwei Blättern (f. 406 und 407), welche jetzt nur durch aufgeklebte Streifen verbunden sind, ursprünglich aber ein Doppelblatt gebildet haben werden. Die beiden Quaternionen ιϛ und ιε haben ihre ursprünglichen Plätze getauscht. Ferner ist, wie eine genauere Untersuchung der Blattlagen ergiebt, zwischen die Quaternionen κδ und κε das einzelne Blatt 190 eingeschoben, welches aber ohne Zweifel zu dem alten Bestande der Hs. gehört, da es auf seiner Vorderseite eine den übrigen Illustrationen durchaus gleichartige Darstellung zeigt (Tafel VIII). Augenscheinlich hatte der Schreiber der Hs., als er den Quaternio κε in Angriff nahm, durch ein grade bei solchem Übergang von dem einen zum anderen Blattkomplex besonders naheliegendes Versehen versäumt, die Vorderseite des ersten Blattes in dem neuen Quaternio für die Illustration freizulassen, und der Illustrator hat sich auf die einzig mögliche Art und Weise aus der Verlegenheit geholfen. Unter diesen besonderen Umständen ist es nicht im geringsten auffällig, sondern im Gegenteil sehr wohl verständlich, dafs dieses Illustrationsblatt, wie wir es nennen dürfen, nicht liniiert, und demgemäfs auch auf seiner Rückseite nicht beschrieben ist. — Ferner ist aus dem Quaternio κϛ zwischen den Blättern 201 und 202 ein einzelnes Blatt herausgerissen.[3]) Dadurch ist nicht nur in dem Texte des zweiten Buchs von Apollonius' Kommentar eine Lücke entstanden (S. 16, 18), sondern aller Wahrscheinlichkeit nach auch eine der Illustrationen desselben verloren gegangen. Denn fast alle von Apollonius aufgeführten Einrenkungsmethoden werden durch Illustrationen verdeutlicht und diejenige, um welche es sich in dem Textabschnitt direkt vor jener Lücke handelt (ὃν τρόπον δεῖ

---

3) Wenn wir das fehlende Blatt mit x bezeichnen, so können wir den Blattkomplex κϛ folgendermafsen veranschaulichen:

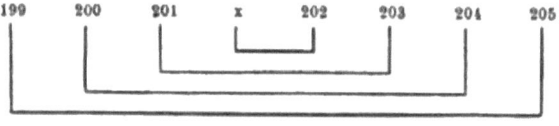

τοὺϲ εἰϲ τὸ ἐκτὸϲ ἐκκλίναντας ϲπονδύλουϲ καταρτίζειν S. 16, 2), hat eine bildliche Dar-
stellung keineswegs überflüssig erscheinen lassen können. Die Rückseite des verloreneu
Blattes durch eine Illustration ausgefüllt zu denken empfiehlt sich aber auch noch
aus einem anderen Grunde. Nach jener Lücke setzt nämlich der Text wieder ein
mit den Worten: μετὰ δὲ τὰ προκινούμενα οὕτωϲ ἐπιλέγει (nämlich Hippokrates), welche,
wie man auch über die Heilung des einen verderbten Wortes denken mag, zuver-
lässig einen neuen Abschnitt beginnen. Daſs ein solcher neuer Abschnitt grade mit
dem neuen Blatt beginnt, kann nun freilich zufällig sein; aber am einfachsten erklärt
es sich in diesem Falle doch unter der ohnehin wahrscheinlichen Voraussetzung, daſs
die Rückseite des verlorenen Blattes durch eine Illustration eingenommen und nur
die Vorderseite desselben ganz oder teilweise beschrieben gewesen ist. Und wenn man
sich nun die Raumverhältnisse in dieser Handschrift gegenwärtig hält,[1]) so lehrt in der
That ein Blick auf die in Betracht kommende Hippokratesstelle (IV 204 L), daſs dasjenige,
was wir in dem verlorenen Textabschnitte vorauszusetzen haben, sehr wohl in den zwei
Kolumnen der Vorderseite eines Blattes Platz gefunden haben kann: denn sicher hat
Apollonius das begonnene Hippokratescitat nur bis zu den Worten ἥν τε πρὸϲ τῶν ἰϲχίων
(IV 206, 10 L) fortgeführt, und wenn er daran noch eine Erläuterung des ganzen Passus
angeknüpft hat, so wird er diese nach seiner Gewohnheit kurz gefaſst haben. — Endlich
ergieht die obige Tabelle der Kustoden noch, daſs zwischen den Blättern 81 und 82 ent-
weder zwei Quaternionen oder zwei Quinionen oder auch ein Quaternio und ein Quinio
ausgefallen sind, welche mit den Zahlen ι und ια hezeichnet gewesen sein müssen.
Zwischen diesen drei sich zunächst als gleichberechtigt darbietenden Annahmen die Wahl
zu treffen ermöglicht uns eine am Schluſs der Hs. (fol. 407ᵛ) stehende Notiz, welche
Cocchi in seinem oben genannten Werke auf einer der 42. Seite gegenüberstehenden
Tafel hat nachbilden lassen. Es sind die Reste eines sog. μονοκονδύλιον, welche der-
selbe Gelehrte (a. a. O. S. 42) folgendermaſsen gelesen und ergänzt hat:

τὸ] παρὸν
βι]βλιον ὑπάρ(χει) τοῦ
ἰατρείου] τοῦ νοϲοκομ(είου) τῶν
μ̄ μαρτύρων] εχει δε φυλλ(α)
τετρα]κο(ϲια) εικοϲι πεντ(ε) μηνὶ μαΐω    5
. . . . . ἰνδικτιῶ]νο(ϲ) ἑκτ(η)ϲ

Die Lesung scheint mir überall sicher zu stehn; die Ergänzung der 3. und 4. Zeile ist
ohne Gewähr, die der 1., 2. und 6. Zeile sehr wahrscheinlich, die der 5. Zeile, auf welche
es hier besonders ankommt, völlig gesichert. Denn da die Hs., welche heute 406 alte

---

4) Vgl. Wattenbach und van Velsen, Exempla cod. graec. litt. minusc. scr. Tafel XXXXII.

Pergamentblätter enthält, am Anfang und am Schluſs vollständig erhalten ist, und ihr im Inneren nur zwei Blattkomplexe und ein einzelnes Blatt fehlen, so dürfen wir bestimmt behaupten, daſs die Zahl der Hunderte in jener Angabe τετρακόcια gelautet hat. Hieraus folgt nun, daſs unsere Hs. zu der Zeit, als jene Notiz eingetragen ward, 19 alte Blätter mehr enthalten hat als heute. Da sich aber 19 Blätter auf zwei Blattkomplexe nicht verteilen lassen, so müssen wir eines derselben dem Quaternio ιϛ zuweisen; es ist jenes oben x genannte Blatt, welches dieser Blattkomplex offenbar erst nach Eintragung jener Notiz eingebüſst hat; die übrigen 18 Blätter entfallen auf die verlorenen Blattkomplexe ι und ια. Mithin ist die Lücke zwischen fol. 81 und 82 durch den Ausfall entweder eines Quaternio und eines Quinio, oder eines Quinio und eines Quaternio entstanden. Es sind dadurch dieser Handschrift der Schluſs der hippokrateischen Schrift περὶ τῶν ἐν κεφαλῇ τρωμάτων, sowie, nach Ausweis des alten Inhaltsverzeichnisses, das μοχλικόν und die Schrift περὶ ὀcτέων φύcιοc verloren gegangen.

Es bleibt übrig, das Alter der Hs. zu bestimmen. Wir werden uns dabei zunächst auf paläographische Beobachtungen stützen, und nicht, wie Cocchi, dem Andere seither gefolgt sind, von ganz unsicheren Vermutungen über die Zeit des Kompilators und Schreibers der Chirurgensammlung, Niketas, ausgehen.

Die einzelnen Blätter sind 37 cm hoch und 27 cm breit. Jede Seite derselben zeigt zwei Kolumnen von ca. 28 cm Höhe und 9 cm Breite; jede Kolumne enthält 36 Zeilen. Wenn nun der Leser die Nachbildung eines Blattes der Hs., welche Wattenbach und van Velsen auf Tafel XXXXII der Exempla cod. graec. litt. minusc. scriptorum gegeben haben, zur Hand nimmt, so wird er bemerken, daſs die sorgfältige, steile Schrift eine sehr altertümliche Minuskel ist. Die auſsergewöhnlich groſsen Buchstaben sind ca. 3 mm hoch und stehen auf den in das Pergament eingedrückten Linien; nur hin und wieder gehen sie infolge einer augenblicklichen Nachlässigkeit des Schreibers ein wenig unter die Linien hinab. Majuskeln hat dieser nur zu den Überschriften der einzelnen Bücher der Sammlung sowie zu Kapitelüberschriften verwandt, auſserdem meistens als Anfangsbuchstaben neuer Abschnitte. Mehrere hintereinander stehende Worte sind im Text des Apollonius nur an einer Stelle abgekürzt geschrieben (o δε ϯ ⲥ ἐμⲟλⲥ τρⲟ^β οⲩτ^π αν δι υποδιγμα^ⲥ γενοιτ^τ ⲟ S. 11, 21) und zwar, um dieselben noch auf dasselbe Blatt zu bringen, auf dem der Textabschnitt steht, den sie abschlieſsen; im übrigen finden sich fast nur die Endungen einzelner Worte am Schluſs einer Zeile abgekürzt (ἄρθρω⌐ = ἄρθρων; τοῦτο⌐ = τοῦτον, χωρ^α⌐ = χώραν u. ähnl.). Diese Beobachtungen nötigen in ihrer Vereinigung dazu, die Hs. dem 9. Jahrh. oder allenfalls der ersten Hälfte des 10. Jahrh. zuzuschreiben.[5]

---

5) Für das 10. Jahrh. hat sich Gardthausen (Griech. Paläographie S. 70) ausgesprochen, ohne jedoch ein Argument anzuführen, welches eine frühere Datierung unzulässig erscheinen lassen könnte.

Nicht zu tief herabzugehen ist schon deshalb rätlich, weil die drei Lobgedichte auf Niketas, welche, wie ihr Inhalt zeigt, bald nach Fertigstellung des Buches auf einige freigebliebene Blätter hinter dem Inhaltsverzeichnis von mindestens zwei, wahrscheinlich drei verschiedenen Händen eingetragen worden sind, noch in Majuskeln geschrieben sind; offenbar war also damals die Majuskelschrift noch nicht verdrängt. Und die Handschrift später als etwa 950 entstanden zu denken verbietet sich dadurch, daſs bereits Suidas, wenn nicht Alles trügt, das erste jener Gedichte citiert. Die Frage ist zu wichtig, um ihr nicht eine besondere Erwägung zu widmen.

Der Verfasser dieses Gedichts beginnt mit der Aufforderung, die berühmtesten Ärzte des Altertums möchten sich „lärmender Freude" hingeben:

πόνουc γὰρ ὑμῶν τοὺc πρὶν ἡμαυρωμένουc,
αὐχμῶντac ἤδη καὶ παρημελημένουc
καὶ φθειριῶντac, ὡc λόγοc Καλλιcθένην,
Νικήτac εὑρὼν παγκρατὴc Ἱπποκράτηc
10 ἐξεῦρεν ἐξέδωκεν ὕψωcεν μέγα.

Hier werden mit byzantinischer Geschmacklosigkeit die von Ungeziefer angegriffenen Exemplare alter ärztlicher Schriften mit dem Olynthier Kallisthenes, der an φθειρίαcιc zu Grunde gegangen sein soll, verglichen. Nun steht bei Suidas in dem Artikel Καλλιcθένηc Folgendes: καὶ φέρεται λόγοc ὡc ὁ Καλλιcθένηc ὑπὸ φθειρῶν ὑπερβλύcεωc καὶ ἐκβράcεωc τὸν βίον καταcτρέφει· καὶ μαρτυρεῖ ὁ ἴαμβοc οὗτοc „καὶ φθειριῶcαν ὡc ὁ πρὶν Καλλιcθένηc", περὶ τῆc ἰατρικῆc τέχνηc λέγων ὡc ἡμέλητο πάνυ. Da es völlig unwahrscheinlich ist, daſs verschiedene Leute unabhängig von einander auf einen so gesuchten Vergleich verfallen sein sollten, so bleiben, soweit ich sehe, nur drei Möglichkeiten, diese auffällige Übereinstimmung zu erklären. Erstlich ist denkbar, daſs schon vor der Zeit der Entstehung der Chirurgensammlung ein byzantinisches Gedicht existiert hat, aus welchem Suidas einen Vers wörtlich anführte, und welchem der Verfasser des Gedichts auf Niketas den Vergleich mit Kallisthenes unter leiser Abänderung entlehnte; zweitens könnte der Verfasser des Gedichts auf Niketas selbst in einem anderen, früher oder später entstandenen poetischen Erguſs, den man etwa einer ähnlichen medicinischen Kompilation vorgesetzt denken würde, die von Suidas angeführten Worte gebraucht haben; drittens kann Suidas den cod. Laur. LXXIV, 7 in Konstantinopel benutzt, das erste Gedicht auf Niketas gelesen und später einen Vers desselben aus dem Gedächtnis und ungenau citiert haben. Diese letzte Erklärung, welche schon Coecchi gegeben hat (a. a. O. S. 34), ist bei weitem die einfachste und wahrscheinlichste, zumal wenn man bedenkt, daſs die von Suidas gebotene Form des Verses sehr wohl einer undeutlichen Erinnerung an gewisse Verse des zweiten und dritten Gedichts entsprungen sein kann⁶), und wenn man zugleich den Anklang der Worte ὡc ἡμέλητο πάνυ an den Ausdruck παρημελημένουc (V. 7 des ersten Gedichts) beachtet. Den Ausschlag giebt, so scheint es, folgende einfache Überlegung. Wer die von Ungeziefer angegriffenen Exemplare ärztlicher 'Arbeiten' (πόνουc V. 6), die Niketas aufgefunden hatte, mit dem an φθειρίαcιc leidenden Kallisthenes verglich, empfand lebendig ein tertium comparationis; wer dagegen die vernachlässigte τέχνη ἰατρική mit Kallisthenes verglich, redete auffallende Worte halbverstanden nach und fügte zu der Geschmacklosigkeit des Vorgängers eine Gedankenlosigkeit hinzu. Mithin hat der Artikel des Suidas die Existenz des ersten Gedichts auf Niketas und — da dies Gedicht vom Verfasser selbst in den cod. Laur. LXXIV, 7 eingeschrieben ist — folgerichtig auch die Existenz der Florentiner Hs. zur Voraussetzung. Da nun aber das Werk des Suidas schon im Jahre 976 in den Händen von Lesern gewesen ist⁷), so dürfen wir schon um dieses Citates willen unsere Hs. nicht später als um die Mitte des 10. Jahrhunderts entstanden denken.

Die oben angeführten paläographischen Indicien lassen es jedoch ratsamer erscheinen, bis ins 9. Jahrhundert hinaufzugehen; und in diese Zeit pafst eine Sammlung, in welcher augenscheinlich nach Möglichkeit vollständige Schriften, nicht blofse Auszüge zusammengefafst sind, vielleicht noch besser als in das 10. Jahrhundert. Eine noch genauere Datierung wird sich vermutlich erzielen lassen, wenn es gelingt, die Lebenszeit des Kompilators Niketas zu bestimmen. Soweit ich sehe, ist das mit dem bisher zugänglichen Material nicht möglich. Aber die der Sammlung vorgesetzten Gedichte auf diesen Mann, welche von Cocchi und Bandini nicht fehlerfrei publiciert sind, sind an sich interessant genug⁸) und müssen im Fortgang der Untersuchung noch mehrmals herangezogen werden; sie mögen daher hier einen Platz finden. Das erste Gedicht ist auf Tafel XXXI nachgebildet. Interpunktion und ι subscriptum habe ich nach Bedürfnis gesetzt.

---

6)     II, 19 f.   ἰατρικῆc εἴληφεν αὐτὸc τὸ κράτοc
                       caφῶc ἀνιcτῶν cυμπεcοῦcαν τὴν τέχνην
                       φθόνῳ λαθοῦcαν καὶ καμοῦcαν τῷ χρόνῳ.

               III, 18 f.   . . . παριcτᾷ τῇ δι' ἔργων ἐμφάcει
                       νῦν τὴν τέχνην θανοῦcαν ὥcπερ ἐκ ταφοῦ
                       πηδῶcαν, ἔμπνουν ἔμπαλιν δεδειγμένην.

7) S. Bernhardys Bemerkung unter dem Wort Ἀδάμ.

8) Vgl. die Zusammenstellung von A. Brinkmann in der Vorrede seiner Ausgabe des Alexander von Lykopolis p. XXIII f.

I.

fol. 7ᵛ  Ἱπποκρατές τε καὶ Γαληνὲ καὶ Ῥοῦφε,
Χείρων δὲ καὶ cύ, φαρμάκων ἐφευρέτα,
ἡ τετράριθμος τῶν παθῶν γαληνότης·
ἄλλη τε πληθὺς τῶν coφῶν ἀκεστόρων
5 κόλποις χαρὰν δέχοιο καὶ κρότει μέγα·
πόνους γὰρ ὑμῶν τοὺς πρὶν ἠμαυρωμένους,
αὐχμῶντας ἤδη καὶ παρημελημένους
καὶ φθειριῶντας, ὡς λόγος Καλλιcθένην,
Νικήτας εὑρὼν παγκρατὴς Ἱπποκράτης
10 ἐξεῦρεν, ἐξέδωκεν, ὕψωcεν μέγα·
ἄλλων τε πολλῶν cωματουργεῖ καὶ φέρει
λύceιc παθῶν, φάρμακα, τραυμάτων ἄκη,
καὶ πᾶcαν ἁπλῶc cυμβολὴν τῶν ὀcτέων
ἐξεικονίζει τῆι γραφῆι τοῦ ζωγράφου.
15 οὐκοῦν ἐάν τιc εὐθετεῖν cκελῶν βάcιν
θραύcειc τε μηρῶν, ἐμβολὴν τῶν cπονδύλων,
χωλοὺc ἀνιcτᾶν καὶ τελεῖν δρομηφόρους
ποδαλγιῶντας, ἐκροῆc τῶν ἰcχίων
τὸ ῥεῦμα δεcμεῖν καὶ κρατύνειν τοὺς πόδας
20 ἄλλην τε τοῦ cώματος ὀcτώδη θέcιν
θραύcαcαν εἰς cύμπηξιν ἁρμόcαι θέλοι,
ὧδε cκοπείτω τῆc γραφῆc τὰc εἰκόναc
καὶ πᾶcαν εὑρήcειε τῶν παθῶν λύcιν·
ἀλλ' οὖν ἅπαντες τῶν coφῶν ἀκεστόρων,
25 νέοι προγηράcαντες, ὑπουργῶν ὅcοι
γυμνὰ κρατεῖτε ῥωcτικώτατα Ξίφη,
cτέψατε λοιπὸν τῆc γραφῆc τὸν ἐργάτην
ἐκ μουcικῶν πλέκοντες ἄνθη τῶν λόγων.
τὸν γὰρ φανέντα κοcμικὸν εὐεργέτην
30 πρέπει γεραίρειν ὡς τέχνης φίλον λόγοιc.
ἀλλ' οὖν παρ' ἡμῶν τούcδε τοὺς λόγους δέχου
πρώτην ἀμοιβὴν τῶν coφῶν cου πρακτέων.
χαίροις ὁ δειχθεὶς εὐcθενὴς Ἱπποκράτης
καὶ παντάληνος τῶν παθῶν γαληνότης.

II.

fol. 8ʳ  πονεῖ μὲν ἡ μέλιcca κηρίον μέλι
      φιλοφρονοῦca προcφυῆ cυνεργάτιν·
      ἐπείπερ ἄλλῳ τῷ τρυγῶντι κηρία
      τὸ κέντρον ἐξέπεμψε καὶ πλήττει μέγα·
 5    cκόπει δὲ χεῖραc ἀφθόνωc τε καὶ φρέναc
      cοφοῦ Νικήτα δεξιουμέναc ὅλουc
      ἐν οἷc ἐφαπλοῖ cυλλογῆc τῷ cυντόμῳ
      τὴν ὠφέλειαν τοῖc λαβεῖν αἱρουμένοιc,
      παθῶν δυcαχθῶν ἐκ παλαιῶν ποικίλωc
10    ἐξεικονίζων cυμπάθειαν, δεcπότου
      Χριcτοῦ θέλοντοc πᾶcι δὴ τὸ cυμφέρον·
      καὶ νοῦc μὲν αὐτοῦ δακτύλοιc τοῦ ζωγράφου
      μορφὰc ἀνιcτόρηcεν ὡc κατ' εἰκόνα
      τηρῶν ἐναργὲc τῶν θεοῦ θελημάτων·
15    φερωνύμου Νίκηc δὲ καὶ χεῖρεc πάλιν
      τὰc ἐκφράcειc γράφουcι τῶν μορφωμάτων
      ὡραιότητα δεικνύουcαι γραμμάτων,
      ἄμφω δὲ πεῖραν cυντρέχουcαν τῷ λόγῳ.
      ἰατρικῆc εἴληφεν αὐτὸc τὸ κράτοc
20    cαφῶc ἀνιcτῶν cυμπεcοῦcαν τὴν τέχνην
      φθόνῳ λαθοῦcαν καὶ καμοῦcαν τῷ χρόνῳ,
      τέχνην ἐκείνην δημιουργόν, ὀcτέων
      θραῦcιν περιcφίγγουcαν εὐλόγῳ δέcει,
      τὰc ἐκβολὰc cτρέφουcαν οἰκείᾳ βάcει,
25    παρατροπὰc ἄρθρων δὲ καὶ τὰc ἐκφύcειc
      φέρουcαν εἰc ὄρθωcιν εὐπρεπεcτάτην.
      καὶ δὴ προcάψαc ἁρμογὰc, ὡc ἦν φύcει,
      τῶν εἰκόνων μὲν τῇ καταλλήλῳ φράcει,
      λόγον δὲ μορφαῖc, τεχνικῇ διαπλάcει
30    τὴν Ζωγράφηcιν cωματουμένῳ λόγῳ,
      ὡc εἶχεν, ἐξήνεγκεν, εὐαρμοcτίαc
      ἄριcτον ἔργον εὐφυῶc ἠcκημένον,
      διδάcκαλον φέριcτον ἐμπράκτῳ λόγῳ.

III.

fol. 8ᵛ Ἱππόκρατες cκίρτηcον, εὐφραίνου μέγα·
Γαληνὲ cυγχόρευε καὶ Ῥοῦφε κρότει·
Χείρων χαρὰν δέχοιο κόλποιc καρδίαc
ἄλλοι τε πάντες ὀργανοῦντες τὴν τέχνην
5 ἰατρικὴν τέρποιcθε καὶ τεθνηκότες·
πόνους γὰρ ὑμῶν ὧδε Νικήτας γράφων
εἰς κάλλος, αὐτὴν τὴν γραφὴν ἀποξέων
πανευφυῶc τε τῇ τέχνῃ κεχρημένος,
cτηλογραφεῖ κάλλιστα cωμάτων πάθη
10 εἴδη τε πολλὰ cωματουργεῖ φαρμάκων
φέροντα θάμβος πᾶcι τοῖc θεωμένοιc.
θραύcειc γὰρ ὀcτῶν εὐθετεῖ καὶ πηγνύει,
τροπὰc μεθέλκει τῇ πρὶν εὐαρμοcτίᾳ,
τὸ cτρεβλὸν ὀρθοῖ, τῇ κατ' ἀρχὰc cυμβάcει
15 δεcμοὺc ῥαγένταc ἐκ βίαc cυνδεῖ πάλιν,
cφίγγει τὸ χαῦνον καὶ κρατύνει τὸν τόνον·
καὶ κειμένουc ἄττονταc, ἐξορχουμένουc
δεικνὺc παριcτᾷ τῇ δι' ἔργων ἐμφάcει
νῦν τὴν τέχνην θανοῦcαν ὥcπερ ἐκ τάφου
20 πηδῶcαν, ἔμπνουν ἔμπαλιν δεδειγμένην.
οὐκοῦν γέροντεc καὶ νέοι τέχνηc φίλοι
κροτεῖτε πάντεc τῆc γραφῆc τὸν ἐργάτην
κοcμοῦντεc αὐτὸν ὥcπερ ἄνθεcιν λόγοιc
ὡc οἷα κοινὸν τῶν βροτῶν εὐεργέτην.

Diese Gedichte preisen Niketas, dafs er alte chirurgische Schriften aufgefunden (I, 9), in
einer Sammlung vereinigt (II, 7), eigenhändig abgeschrieben (II, 15) und durch einen
Maler habe illustrieren lassen (I, 14; II, 12). Er wird als παγκρατὴc Ἱπποκράτηc und
εὐcθενὴc Ἱπποκράτηc (I, 9; 33) gefeiert; 'ἰατρικῆc εἴληφεν αὐτὸc τὸ κράτοc' heifst es II, 19.
Danach scheint er Arzt gewesen zu sein. Einen Arzt dieses Namens vermag ich aber
zwischen 800 und 950 nicht nachzuweisen.⁹) Nicht unmöglich wäre es, den Schreiber

---

9) Keinesfalls darf man, wie zuerst Fabricius Bibl. Gr. XIII, 346 der alten Ausgabe gethan
hat, an den Arzt Niketas denken, an welchen ein Brief des Theophylaktus Achridensis gerichtet ist
(Migne, Patrologia Gr. Lat. 126, 307 f.). Denn dieser Schriftsteller hat im 11. und 12. Jahrhundert ge-
lebt (vgl. Krumbacher, Byzantinische Litteraturgeschichte S. 191) und der Arzt ist sein Zeitgenosse; in
dieser Zeit kann aber die Hs. der Chirurgensammlung, wie oben gezeigt ist, nicht entstanden sein.

der Chirurgensammlung mit dem Paphlagonier Niketas, ὁ φιλόσοφος zubenannt, einem
Schüler des Arethas, zu identificieren, welcher wenigstens der Zeit nach pafst.[10]) Aber
da sich bisher nicht einmal erweisen läfst, dafs dieser 'Philosoph' medicinische Interessen
gehabt hat, so ist es bei der Häufigkeit des Namens Niketas geratener, die Frage vor-
läufig unentschieden zu lassen. Vielleicht bringen die Schriften des Arethas, welche
de Boor aus einer Moskauer Hs. herauszugeben beabsichtigt, neue Aufschlüsse über die
Studien seines Schülers, die dieses Problem aufklären.

Über die Gedichte selbst ist Folgendes zu bemerken. Das erste ist sicher von
einer anderen Hand geschrieben, als die beiden folgenden; wahrscheinlich sind aber auch
das zweite und dritte von verschiedenen Händen eingetragen. Keine dieser zwei oder drei
verschiedenen Hände kann mit der des Schreibers der Handschrift oder der des Schreibers
des Inhaltsverzeichnisses identificiert werden. Hieraus wird man schliefsen dürfen, dafs
die Gedichte von drei verschiedenen Männern herrühren, und von den Verfassern selbst
in die Handschrift eingetragen worden sind. Dazu stimmt gut, dafs der Verfasser des
ersten Gedichts an den Schlufs die Aufforderung stellt, auch Andere möchten Niketas
verherrlichen, und dafs das zweite und dritte Gedicht die Benutzung des ersten erkennen
lassen; man vgl. z. B. I, 1—6 mit III, 1—6. Beachtenswert scheint mir die Vermutung
von Cocchi (a. a. O. S. 36), dafs das erste von einem byzantinischen Kaiser herrühre; sie
stützt sich auf die Verse I, 24 f.[11]) Wenn diese Ansicht richtig ist, so ist die Sammlung
der chirurgischen Schriften wohl auf Befehl dieses Kaisers veranstaltet worden. Jedes-
falls aber berechtigt die Beobachtung, dafs jene Gedichte von verschiedenen Händen ein-
getragen sind, zu dem Schlufs, dafs im codex Laurentianus LXXIV, 7 der Archetypus der
Chirurgensammlung selbst erhalten ist.

Ilberg und Kühlewein haben, der gangbaren Meinung folgend, den cod. Laur.
LXXIV, 7 ins 11./12. Jahrhundert gesetzt, den heutigen Umfang desselben auf Grund der
älteren, eingeschriebenen Blattzählung auf 405 Blätter bestimmt, einen Blattverlust von
3 Quaternionen (ι, ια, ιβ) angenommen und vermutet, dafs in der Subscription der Hs.
die Zahl der Blätter fehlerhaft angegeben sei. Ich darf hoffen, dafs die im Vorstehenden
gegebene ausführliche Begründung meiner abweichenden Ansichten sie von der Unhaltbar-
keit ihrer Aufstellungen überzeugen wird. Hingegen haben sie mit Recht behauptet, dafs
die Worte: ἡ παροῦσα βίβλος ἔχει φύλλα ῡϙ, welche von einer Hand des 14. (oder 15.)
Jahrhunderts fol. 406ᵛ eingetragen sind, auf einem Rechenfehler beruhen.

10) Vgl. Val. Rose, Leben des heil. David von Thessalonike S. VII; Vita Euthymii heraug.
von C. de Boor S. 56 f., bes. S. 58, 10; A. Brinkmann a. a. O. S. XXVIII f.

11) Mit ὑπουργῶν ὅσοι γυμνὰ κρατεῖτε ῥωστικώτατα Εἰφη scheinen die Ärzte mit dem Range
von πρωτοςπαθάριοι angeredet zu werden. Aber eine voll befriedigende Erklärung der ganzen Periode
vermag ich nicht zu geben. Vielleicht ist zu übersetzen: „Auf denn, ihr Alle aus der Zahl der gelehrten
Ärzte, junge und früher (als die jungen) gealterte (d. h. alte), so viele von Euch das Abzeichen der
Diener, die entblöfsten starken Schwerter führen, verherrlicht Niketas" u. s. w.

Wenn die Vermutung zutrifft, dafs im cod. Laur. LXXIV, 7 die Urhandschrift
der Chirurgensammlung vorliegt — und angesichts der oben beleuchteten Thatsachen sehe
ich nicht, wie man sich ihrer erwehren könnte —, so kann für die nur im Rahmen dieser
Sammlung erhaltenen Schriften, zu denen der Kommentar des Apollonius gehört, keine
andere, davon unabhängige handschriftliche Überlieferung existieren. Wir werden vielmehr
hoffen dürfen, schon dadurch, dafs wir den Schicksalen dieser Hs. nachforschen und fest-
zustellen versuchen, wer dieselbe, seit sie im Abendlande ist, benutzt hat, über die übrigen
uns erhaltenen Hs. der Chirurgensammlung Aufschlufs zu bekommen.[12])

Die Florentiner Hs. ist von Janos Laskaris auf der zweiten Reise, welche er im
Auftrag Lorenzos von Medici in den Jahren 1491 und 1492 zum Zweck des Ankaufs von
Handschriften und der Anwerbung von Lehrern des Griechischen[13]) von Italien aus in die
östlichen Länder unternommen hat, am 3. April 1492 in Kandia erworben worden.[14]) Da
Lorenzo, als Laskaris nach Italien zurückkehrte, nicht mehr am Leben war (gest. 8. April
1492), so werden die neuen Handschriftenschätze unter seinem Nachfolger Pietro der
Mediceischen Bibliothek einverleibt worden sein. Aus dieser mufs die Handschrift der
Chirurgensammlung entweder in den nächsten Jahren entliehen und zunächst nicht zurück-
gegeben worden sein, oder aber 1494, in der Zeit der Wirren nach der Vertreibung
Pietros aus Florenz, gestohlen worden sein.[15]) Lange Jahre scheint sie dann gänzlich ver-

---

12) Die folgende Darlegung bestätigt die Aufstellungen von Diels (schol. in Hippocratem et
Galenum vol. I p. VIII f.) über das Verhältnis der verschiedenen Hs. der Chirurgensammlung. Da aber
die von mir geführte Untersuchung nicht nur seinen Beweis überall ergänzt und verstärkt, sondern auch
über die Schicksale der mafsgebenden Hs. Aufschlufs giebt, so wird es nicht überflüssig sein, dieselbe
in ihrem ganzen Umfang vorzulegen.

13) Diese interessante, bisher nicht beachtete Thatsache ergiebt sich aus dem S. XXI be-
sprochenen Gedicht (vs. 23), das wahrscheinlich von Laskaris selbst herrührt.

14) Notariell beglaubigte Abschrift eines Kaufvertrags zwischen Niccolò di Giacomo aus Siena
und Janos Laskaris, publiciert von Piccolomini Rivista di filologia II (1873) S. 420—423. In der Liste
der Handschriften, die dem Vertrag angehängt ist, erscheint S. 422: Ipocratis et aliorum de ligaminibus
et dislocacionibus. M(embranaceus): dies ist, wie der Herausgeber S. 413 bemerkt hat, der cod. Laur.
LXXIV, 7. Die Worte des Vertrags ergeben, dafs die Hs. von den beiden Männern damals in Kandia
gefunden worden war und nicht schon in Pera, wo sie vorher gewesen waren. Dazu stimmt, dafs Las-
karis dieselbe in einem im Sept. 1491 in Konstantinopel geschriebenen Briefe an Demetrios Chalkokondyles
(ebendort S. 417—420) unter den von ihm gefundenen Handschriften noch nicht nennt. Auch Balamio
(s. Anm. 16) sagt nur: 'librum e Graeciae ruinis erutum'. Wann die Hs. von Konstantinopel, wo Suidas
sie benutzt haben wird, nach Kandia gebracht worden war, ist nicht mehr zu ermitteln. — In dem von
Laskaris auf seiner zweiten Reise angelegten Notizbuch, welches K. K. Müller im Centralblatt für Bibliotheks-
wesen Bd. I veröffentlicht hat, findet sich keine Eintragung aus der Zeit seines Aufenthalts in Konstan-
tinopel und Kandia; es kann daher nicht Wunder nehmen, dafs unsre Hs. in demselben nicht erwähnt wird.

15) Ich schliefse dies daraus, dafs die Hs. in dem 1495 aufgenommenen Inventario della libreria
medicea privata (herausgeg. von Piccolomini Archivio Storico Italiano, serie terza XX [1874] S. 51—94)
nicht erscheint. Den dort genannten 'Libellus in medicina vetus, solutus, in membranis, et grecis litteris
scriptus' mit dem cod. Laur. LXXIV, 7 zu identificieren verbietet die Bezeichnung 'libellus'.

schollen gewesen zu sein; erst 1534 tauchte sie 'in Florenz in der Mediceischen Bibliothek'
wieder auf: auf welche Weise sie dorthin zurückgelangt war, wird uns nicht gesagt. Papst
Clemens VII. liefs sie nach Rom kommen und übergab sie hier dem greisen Laskaris,
dem dadurch kurz vor seinem Tode die Freude zu Teil ward, den Schatz, den er 42 Jahre
vorher aufgespürt hatte, noch selbst heben zu dürfen. Er unternahm, wie uns berichtet
wird, eine durchgreifende Herstellung des Textes[16]) — und zwar glücklicherweise in einer
Abschrift, nicht in der Handschrift selbst. Diese letztere gelangte in Rom in die reich-
haltige Bibliothek des Kardinals Niccolò Ridolfi, eines Verwandten der Familie Medici.[17])
Mit dessen Erlaubnis benutzte sie der Florentiner Guido Guidi (Vidus Vidius), der Leib-
arzt des Königs Franz I. von Frankreich, bei einem Aufenthalt in Rom ums Jahr 1540
und übersetzte verschiedene der darin enthaltenen Schriften ins Lateinische.[18]) Ebendiesem
gelehrten Arzte nun verdanken wir eine Angabe, die uns in diesem Zusammenhange leb-
haft interessieren mufs. In der an König Franz I. von Frankreich gerichteten Vorrede
seines grofsen Werkes: Chirurgia e Graeco in Latinum conversa (Paris 1544) spricht er
sich nämlich folgendermafsen aus: 'tu ...., rex regum maxime, divulgari jubes Graecorum
chirurgiam, cuius custodiendae ac proferendae arbitrium fuit tuum, quum solus habeas
non modo has nostras interpretationes et commentaria, quae tibi superioribus annis dica-
veram[19]), sed graecum etiam volumen, quod Cardinalis Rodulphus, consensu omnium in

---

16) Ferdinando Balamio berichtet in der an Papst Paul III. gerichteten Vorrede seiner latei-
nischen Übersetzung von Galens Schrift περὶ ὀστέων, die er auf Befehl des Papstes Clemens VII. nach
dem cod. Laur. LXXIV, 7 gefertigt hat (Rom 1535), Folgendes: Extant Galeni de anatome libri IX, deerat
cum nonnullis aliis de ossibus liber, cumque superioribus mensibus Florentiae in Medicea bibliotheca plures
de luxationibus deque aliis, quae ad rem chirurgicam faciunt, reperirentur auctores uno contenti codice
eoque vetustissimo, hunc negligenter scriptum multisque mendis et temporum iniuria depravatum
Clemens VII Pont. Max. Iano Lascari viro doctissimo tradidit, qui ut iam pridem hunc librum e Graeciae
ruinis erutum servaverat, sic summo cum studio curaque innumeris purgatum vitiis in pristinam prope
formam eum restituit.

17) Vgl. über ihn Blume, Iter Italicum III, 214 f. (wo er irrtümlich Lorenzo genannt ist), und
Miller in der Anzeige von Weschers Poliorcétique des Grecs (Journal des Savants 1868 S. 185 f.), sowie
die ausführlichen Mitteilungen bei Leopold Delisle, Le cabinet des manuscrits de la bibliothèque Im-
périale I, 209 ff.

18) In dem cod. Paris. Lat. 6866 sagt Vidus Vidius in der Vorbemerkung zu seiner Übersetzung
von Galen de fasciis: Extat in bibliotheca Cardinalis Rodulphi patroni mei optimi praeter cetera prae-
clara rarissimaque volumina graecus codex vetustissimus, in quo cum plures alii clarissimorum medico-
rum super chirurgia, tum libri tres de fasciis continentur: unus Galeni, Sorani alter, tertius Heliodori.
Ohne Zweifel ist damit der cod. Laur. LXXIV, 7 gemeint, welcher die drei genannten Schriften in der
That enthält (cap. ΡΙΔ ff. ἐκ τῶν Ἡλιοδώρου περὶ ἐπιδέσμων; cap. ΣΝΘ ff. Σωρανοῦ περὶ ἐπιδέσμων;
cap. ΤΠΗ ff Γαληνοῦ περὶ ἐπιδέσμων). Weiter vgl. Vidus Vidius, Chirurgia e Graeco in Latinum con-
versa (Paris 1544) in der zweiten, Vidius Lectori überschriebenen Vorrede.

19) Diese dem König geschenkten Übersetzungen und Erläuterungen liegen in den cod. Paris.
Lat. 6861 und 6866 vor. Die Vorreden zu den einzelnen Büchern hat Vidius in sein grofses gedrucktes
Werk nur zum Teil aufgenommen; daher sind die Hs. neben dem Druck zu berücksichtigen.

Italia summus literarum patronus, ad te misit munus tanto rege dignissimum; unicum enim legebatur in eius amplissima bibliotheca. nam ea pars, quae graece impressa habetur, mendosa usque adeo est, ut non secus quam cetera, quae alibi non extant, dici sane possit eo tantum exemplo contineri.'

Aus Guidis Angabe, welche die ihm sonst eigene Präcision des Ausdrucks vermissen läfst, geht nicht mit Sicherheit hervor, ob der Kardinal die kostbare Handschrift selbst oder nur eine Abschrift derselben an Franz I. geschickt hat. Aber alte Kataloge der Bibliothek von Fontainebleau, welche H. Omont herausgegeben hat[20]), geben uns die Möglichkeit, diese wichtige Frage mit Sicherheit zu entscheiden.

In dem Catalogue alphabétique de la bibl. de F. findet sich nämlich (S. 527 Omont) folgende Notiz: Χειρουργικὸν Ἱπποκράτους καὶ ἄλλων πολλῶν. Βιβλίον α´ μήκους μεγάλου παχὺ ἐν χάρτῃ, ἐνδεδυμένον δέρματι κυανῷ, ἔςτι δ᾽ ἐν αὐτῷ ϲυναγωγὴ ἐκ πολλῶν τῆς χειρουργικῆς τέχνης, Νικήτου τινος, ἐκ διαφόρων παλαιῶν ἰατρῶν, οἵοί εἰϲιν οὗτοι· Ἱπποκράτης, Γαληνός, Ὀρειβάϲιος, Ἡλιόδωρος, Ἀρχιγένης, Ἀντύλλος, Ἀϲκληπιάδης, Διοκλῆς, Ἀμύντας, Ἀπολλώνιος Κιτιεύς, Νυμφόδωρος, Ἀπελλῆς, Ῥοῦφος, Σωρανός, Παῦλος Αἰγινήτης, Παλλάδιος. Ἔϲτι δὲ τὸ βιβλίον καλῶς γεγγραμμένον, μετὰ ζωγραφίας καὶ ϲχηματογραφίας τῶν μηχανικῶν ὀργάνων, κάλλιστα.[21])

In einem anderen, zwischen 1544 und 1546 aufgenommenen Katalog derselben Sammlung wird dieselbe Handschrift folgendermafsen bezeichnet (a. a. O. S. 363): Ἱπποκράτους ἰατρικά, καὶ ἄλλων πολλῶν, μετὰ εἰκόνων.[22]) Da sie hiernach schon vor 1546 nach Fontainebleau gelangt ist, so ist sie sicher mit dem von G. Guidi genannten 'volumen Graecum' identisch. Da sie ferner im alphabetischen Katalog als Papierhandschrift bezeichnet wird, so ist sie nur eine Abschrift des cod. Laur., nicht mit diesem identisch. Wir erkennen sie wieder in der illustrierten Hs. 2247 der Pariser Nationalbibliothek, welche aus der Sammlung von Fontainebleau stammt.[22a]) Die alte Pergamenthandschrift dagegen ist, wie wir sehen, damals zunächst in Rom geblieben.

Wir suchen weitere Aufschlüsse im Katalog der Bibliothek des Kardinals Ridolfi, der in mehreren Abschriften erhalten ist.[23]) Aus dem Pariser Exemplar desselben kommen

---

20) Catalogues de la Bibliothèque de Fontainebleau sous François Iᵉʳ et Henri II (Paris 1889).

21) Vgl. den Catalogue méthodique ebendort S. 338 (No. 761).

22) Diese letztere Angabe mit Omont auf den heutigen cod. Paris. 2149 zu beziehen, geht schon deshalb nicht an, weil diese Hs. nicht illustriert ist. Dagegen pafst die Angabe auf die Chirurgensammlung, welche mit hippokrateischen Schriften beginnt.

22a) Omont, Inventaire sommaire II, 221: XVI s. (Copié par Christophe Auer). Pap. 415 fol. Peint. (Fontainebl.-Reg. 2148) M(oyen format).

23) Zusammengestellt von Vogel, Serapeum 1841 (II), 324—330 am Ende. Derjenige Katalog übrigens, welchen Vogel in seinem Aufsatz ausführlich bespricht, giebt nicht den Bestand der Bibliothek des Kardinals, sondern den der Bibliothek von Fontainebleau; vgl. Omont, Centralblatt für Bibliothekswesen VIII (1891) S. 490 No. CXVII (107). Derselbe Irrtum bei Cocchi a. a. O. S. 32.

folgende Nummern hier in Betracht (cod. Paris. Graec. 3074, überschrieben Index Libro-
rum R<sup>mi</sup> Dm Nicolai Cardinalis Rodulphi, fol. 17<sup>r</sup>):

no. 112.

ἡ μεγάλη καὶ παλαιὰ τῆς χειρουργικῆς βίβλος cυλλεγεῖcα παρὰ νικήτου ἐκ διαφόρων
παλαιῶν ἰατρῶν ὧν τὰ καθ' ἕκαcτα ἐκεῖ ἀναγέγραπται
. in pga. liga. E āβ (Formatbezeichnung?)

no. 113.

ἑτέρα βίβλος περιέχουcα τὴν αὐτὴν cυναγωγὴν τῶν χειρουργικῶν πραγματειῶν
in · S · in paᵖ̊ scripti. γραφεῖcα χειρὶ τοῦ βαλcαμῶνος littera moderna.

no. 114.

τὰ διαγράμματα τῶν προγεγραμμένων χειρουργικῶν πραγματειῶν. διαγεγραμμένα παρὰ
Ἰωάννου τοῦ cαντοριναίου.

No. 112 ist offenbar die von Guido Guidi in Rom benutzte alte Pergamenthand-
schrift, no. 113 eine Abschrift des Textes, no. 114 ein Heft mit Nachbildungen der Illu-
strationen derselben. Versuchen wir, den Schicksalen dieser drei Bücher nachzugehen.

Die Bibliothek des Kardinals Ridolfi kam nach seinem Tode 1550 in den Besitz
des Marschalls Strozzi; nach dessen Tode wiederum ließ Katharina von Medici dieselbe
mit Beschlag belegen.[24]) Durch sie ist ein Teil der darin enthaltenen Handschriften nach
Paris gekommen; von den drei, die uns hier angehen, nennt das Inventar des Nachlasses
der Königin nur eine einzige[25]); es ist die Hs. 2248 der Pariser Nationalbibliothek.[25a])
Die Pergamenthandschrift dagegen ist auch damals in Italien geblieben und auf irgend
einem Wege in die Biblioteca Laurenziana in Florenz gekommen, wo sie sich noch heute
befindet. Dies muß vor 1571 geschehen sein, da in diesem Jahr nach Vollendung des
Bibliothekagebäudes die endgültige Verteilung der Hs. auf 88 plutei vorgenommen ward.[26])
So viel ich weiß, ist Lucas Holsten der erste, der bezeugt, sie dort gesehen zu haben

---

24) Und zwar 'sous prétexte que c'était un démembrement de celle des Médicis, sur laquelle
elle croyait avoir des droits' (Miller, Journal des savants 1868 p. 185). N. Ridolfi war nämlich ver-
wandt mit der Familie Medici.

25) Inventaire des meubles de Catherine de Médicis en 1589, herausg. von E. Bonnaffé (Paris,
Auguste Aubry 1874) S. 206: sur une autre table, audessus de laquelle est escrit Medica, a esté trouvé
Graeca

    ⋮

7 Chirurgicus liber scriptus manu Georgii Balsamonis. [= obiger no. 113.]

25a) Omont, Inventaire sommaire II, 221: XV s. (Copié par Basile Varelis) [vielmehr: XVI s.
(Copié par Georges Balsamon)] Pap. 670 fol. (Medic. Reg. 2149) M.

26) Vgl. Blume, Iter Italicum II, 46.

(1640).[27]) Was aus dem Heft mit Zeichnungen zu der Chirurgensammlung geworden ist, mufs vorläufig noch dahin gestellt bleiben.

Wenn wir uns nunmehr den beiden Pariser Handschriften der Chirurgensammlung zuwenden, so erhalten wir durch sie für alle bisher gewonnenen Resultate die erwünschteste Bestätigung. Beide (Paris. 2247 und 2248) weisen im Texte des Apollonius jene Lücke auf, welche in dem cod. Laur. LXXIV, 7 durch den Ausfall eines Blattes entstanden ist[28]); mithin entstammen sie diesem. Diesen bündigen Schlufs zu ziehen kann uns auch die zunächst auffällige Thatsache nicht hindern, dafs beide Pariser Hs. die im cod. Laur. verlorenen hippokrateischen Schriften (Schlufs von περὶ ὀcτέων φύcιος, μοχλικὸν und περὶ τῶν ἐν κεφαλῇ τρωμάτων) enthalten.[29]) Es ist aber allerdings die Frage, wie dies zu erklären ist. Man könnte zunächst glauben, dafs die Pergamenthandschrift in der Bibliothek des Kardinals Ridolfi die jetzt fehlenden Blattkomplexe ι und ια (vgl. oben S. IX) noch enthalten habe. Da sie jedoch in dem Katalog dieser Bibliothek bereits als gebunden bezeichnet wird, so ist es sehr unwahrscheinlich, dafs sie seit jener Zeit noch Blattverluste erlitten hat. Somit bleibt nichts übrig, als anzunehmen, dafs auf Grund des Inhaltsverzeichnisses die verlorenen Textpartieen in den Pariser Hss. mit Hülfe von anderen

---

27) Lucas Holsten, De libris optimis ac maximam partem ineditis Bibliothecae Mediceae ad Sereniss. Principem Leopoldum di Toscana Iudicium, cum esset Florentiae A. 1640, herausgeg. in [Lilienthals] Selecta Historica et Literaria, Regiomonti et Lipsiae Impensis Henrici Boyen 1715, S. 109: Scam. LXXIV. Extat admirandum illud Chirurgorum antiquorum opus, congestum a quodam Niceta Medico. Habetur in eo volumine multa antiquissimorum Medicorum opuscula et tractatus de partibus Chirurgiae, ut sunt praeter Hippocratis, Galeni, Oribasii et Pauli Aeginetae cum notis, Heliodori de fracturis cap. XII, Apollonii Cilicensis (sic!) tractatus de articulis sive juncturis cap. 36. Soranus de signis fracturae cap. 23. Idem de variis obligandi modis cap. 59 cum figuris, qui tractatus seorsim edi posset: Sicut ex hoc codice olim prodierunt Ruffi Ephesii et Palladii Opuscula a Gallis olim edita. Sunt alia multa aliorum fragmenta in eodem volumine. Ego praecipuos duntaxat et justos tracta'us commemoro.

28) In der Florentiner Hs. schliefst fol. 201ᵛb mit den Worten: προcδήcαι· ἄνω δὲ ἄλλῳ ἱμάντι πλατεῖ καὶ; fol. 202ʳ steht auf dem oberen Rand von jüngerer Hand mit blasser Tinte geschrieben: cκ, auf dem unteren Rand ebenfalls von junger Hand: ἄπεcτι ἐν φύλλον. Im Paris. 2247 steht fol. 212ʳ: προcδήcαι· ἄλλῳ δὲ ἱμάντι πλατεῖ καὶ μαλθακῷ, am Rande λϵι᷍; fol. 212ᵛ eine Illustration mit der Überschrift ἐμβολὴ cπονδύλων ἡ διὰ τοῦ θέναρος τοῦ ἰατροῦ γινομένη καὶ τῶν ὀνίcκων, daneben cκ. Der Paris. 2248 hat fol. 294ᵛ am Schlufs des Kapitels dieselben Worte wie 2247, links am Rand λϵιπ; fol. 295ʳ steht als Illustrationsüberschrift ἐμβολὴ u. s. w. und am Rand c̄κ᷍°ᵛ; für die Illustration ist, wie durchgängig in dieser Handschrift, Raum freigelassen. Hiernach kann es keinem Zweifel unterliegen, dafs in den beiden Pariser Hs. das Hippokratescitat aus Hs. oder Drucken (Aldina des Hippokrates?) verbessert und um ein Wort vervollständigt ist, dafs ferner die Beischrift der Illustration nach Analogie der übrigen Beischriften erfunden, und die Illustration der Hs. 2247 nach dem Hippokratestexte frei komponiert ist.

29) Dies ist Dietz entgangen; denn hätte er es bemerkt, so hätte er doch wohl darauf hingewiesen. Auch ich selbst bin nicht bei der Untersuchung der Handschriften, sondern erst nachträglich durch die Angaben von Littré, Oeuvres d'Hippocrate I, 534 f. darauf aufmerksam geworden.

Hss. oder der Aldina des Hippokrates ergänzt worden sind. Das ist um so wahrscheinlicher, als diese auch die Hippokratescitate im Text des Apollonius durchgängig nach der Hippokratesüberlieferung korrigiert bieten.

Die Hs. 2248 enthält aufser den drei Gedichten auf Niketas noch ein modernes griechisches Einleitungsgedicht, aus welchem die folgenden Verse hier einen Platz verdienen[30]):

Ἑλλάδος ἐς δ' αἶαν Λαυρέντιος ἥνίκ' ἔπεμψεν
Οὐκ ἀέκοντά γ' ἑκὼν βυβλία διζέμεναι
Παῖδάς θ' Ἑλλαδικούς, οἷς εὐμαρὲς ἐς τέλος αὐδὴν
Ἑλλάδ' ἐπασκῆςαι καὶ δόμεν Ἰταλίδαις,
25 Καὶ ςυγγράμματ' ἐρύςατο, κλεινοτάτων πόνον ἀνδρῶν,
Λοίςθια δυςμενέων χερςὶν ἀπολλύμενα,
Τήνδ' ἔτι βύβλον ἔφηνε θεὸς καὶ χρυςὸς ἔνεικε
Τηλόθεν Ἰταλίηνδ', ὄφρα πέλη Μεδίκων.
Νῦν δὲ πατὴρ Κλήμεις Ευνὴν θέτο καὶ κατένευςεν
30 Ἰητρῶν τέχνην ςῶν ἔμεν ὡς τὸ πάρος
Ἔργα κλυτῶν προγόνων ςώζων εὐεργεςίας τε
Αὔξων καὶ παρέχων εἰς ςοφίην πάροδον.

Diese Verse, welche bestätigen, dafs die Chirurgensammlung für Lorenzo von Medici erworben worden ist, rühren offenbar von Janos Laskaris her, denn es ist nicht abzusehen, warum irgend ein anderer geflissentlich vermieden haben sollte, in Vs. 22 den Namen Laskaris, der sich dem Metrum vortrefflich fügt, zu nennen. Ist aber diese Vermutung triftig, so haben wir um so mehr Grund anzunehmen, dafs uns in dieser Handschrift No. 2248 die von Ferd. Balamio erwähnte Bearbeitung des Laskaris vorliegt.[31]) Am Ende (fol. 556 ff.) sind derselben eine ganze Anzahl von Blättern beigebunden, welche Illustrationen zu der Chirurgensammlung in ziemlich roher Ausführung enthalten; es sind z. T. Nachbildungen der Illustrationen des cod. Laur. LXXIV, 7, z. T. freie Kompositionen. Wir werden kaum fehlgehen, wenn wir darin die Zeichnungen des Ἰωάννης ὁ Cαντοριναῖος sehen, welche wir im Katalog der Ridolfischen Bibliothek als eine besondere Nummer aufgeführt gefunden hatten.[32])

Eine Abschrift dieser Bearbeitung des Laskaris, nicht der alten Pergamenthandschrift, ist der cod. Paris. 2247. Er ist geschrieben von dem Kalligraphen Christoph Auer, welcher 1541—1548 in Rom für die Bibliothek von Fontainebleau thätig gewesen ist.[33])

---

30) Das ganze Gedicht bei Dietz praef. p. X f.
31) Vgl. oben S. XVII.
32) Vgl. oben S. XIX. Man beachte, dafs no. 113 und 114 nicht als gebunden bezeichnet sind.
33) Omont, Catalogues de Fontainebleau, Introduction p. VI: Georges d'Armagnac, évêque de Rodez, succéda à Georges de Selve à l'ambassade de Venise ... Mais, ayant remplacé de Selve à Rome,

Auch von dieser Seite bestätigt sich also unsere Vermutung, daſs diese Handschrift das
'volumen graecum' ist, welches nach Guido Guidis Angabe der Kardinal Ridolfi von Rom
aus kurz vor 1544 an Franz I. gesandt hat. Nur die sehr sorgfältigen, völlig moderni-
sierten Illustrationen hat dieselbe vor der Nummer 2248 voraus. Daſs diesen Komposi-
tionen die Vorstudien des Johannes von Santorini zu Gute gekommen sind, scheint ein
Epigramm des Laskaris auf diesen Mann, welches der Handschrift vorgesetzt ist, zu be-
weisen [34]); die Ausführung derselben aber, welche die Hand eines geübten Künstlers er-
kennen läſst, hat Omont, anscheinend nur aus stilistischen Gründen, dem Maler Francesco
Primaticcio zugeschrieben. Diese Vermutung wird bestätigt durch die Angabe Guido
Guidis, er sei in Rom bei seinen Studien von Johannes von Santorini und Francesco
Primaticcio unterstützt worden. [35])

Von weiteren Handschriften des Apollonius sind mir folgende bekannt geworden:

1. Eine Abschrift des Textes mit Illustrationen, von Bosquillon zur Herausgabe
vorbereitet, welche Dietz in der Bibliothek der Faculté de médecine in Paris sah (Schol.
in Hipp. et Galenum I praef. p. XI. [36])

2. Eine Handschrift, welche ebenderselbe bei Sir Thomas Philipps in Middlehill
benutzt hat (a. a. O. p. 12), jetzt als cod. Philipp. 1533 unter den Meermannhandschriften
in Berlin. [37])

Beide sind nicht aus dem cod. Laurentianus LXXIV, 7, sondern aus den Pariser
Hss. 2247 und 2248 abgeschrieben. [38])

---

il y emploie, de 1541—1548, un Allemand, Christophe Auer, à transcrire des manuscrits grecs et latins,
dont une trentaine vont enrichir la bibliothèque de Fontainebleau.

34) Abgedruckt bei Dietz praef. p. IX.

35) cod. Paris. Lat. 6866 f. 305ᵛ: dum ... illa ipsa etiam machinamenta quo aptius dictione
conplecterer et velut ob oculos ponerem, et pingere et lignea conficere studeo, quantum laboris susce-
perim, ... praeter complures alios testis mihi est Ioannes Santorineus Rhodius ..., testis etiam Fran-
ciscus Primadicius Bononiensis, Regis Gallorum pictor eximius, quorum aliquando opera usus sum. Der
Künstler weilte damals im Auftrag Franz I. iu Rom: Vasari in der Descrizione dell' opere di Francesco
Primaticcio (VII, 407 Milanesi): al quale (nämlich Franz I.) piacendo la maniera ed il procedere in tutte
le cose di questo pittore, lo mandò, l'anno 1540, a Roma a procacciare d'avere alcuni marmi antichi.
Dazu vgl. das Dokument bei de Laborde, La renaissance des arts à la cour de France 1, 419. Die von
Guido Guidi gebrauchte Namensform Primadicius wird durch das Testament des Künstlers, welches man
bei Gaye, Carteggio degli artisti III, 562 abgedruckt findet, als die richtige erwiesen.

36) Da Omout, Inventaire sommaire III, 355 diese Abschrift unter den Handschriften der bibl.
de la fac. de médecine nicht erwähnt, so wird man annehmen müssen, daſs dieselbe anderswohin ge-
bracht oder zu Grunde gegangen ist.

37) Vgl. Studemund-Cohn, Codices ex bibliotheca Meermanniana Philippici Graeci nunc Bero-
linenses S. 53.

38) Für die Abschrift des Bosquillon muſs man sich mit dem Zeugnis von Dietz begnügen;
für den cod. Philipp. 1533 bezeugt R. Schöne, daſs er an der oben Anm. 28 besprochenen Stelle προc-
δήcαι, ἄλλῳ δὲ ἱμάντι πλατεῖ καὶ μαλθακῷ und dazu am Rande λεῖπει bietet. Dies genügt zum Beweise.

3. Sorgfältige Erwägung verdient endlich eine Notiz von Gabriel Fallopius über eine von ihm benutzte Handschrift. Er sagt in seinem commentarius in librum Hippocratis de vulneribus capitis (Opera genuina omnia, Tomus primus, Venetiis 1606, pag. 414) Folgendes: 'Nullum capitis vulnus] in codice Cornarii habemus appendicem appositam: apud Graecos etiam codices varia addita sunt et varia deficientia dicta sunt; usque ad illam partem [Hominum capita] omnia superaddita sunt: hoc possum probare ex codice Graeco Cardin. Florentini, quem donavit Gallorum Regi, maiusculis litteris manuscripto.' Fallopius bezeugt damit die Kenntnis einer 'maiusculis litteris' geschriebenen Handschrift, in welcher die hippokrateische Schrift περὶ τῶν ἐν κεφαλῇ τρωμάτων (wie übrigens in allen bisher bekannt gewordenen griechischen Handschriften derselben) mit den Worten τῶν ἀνθρώπων αἱ κεφαλαὶ begann[39]), und behauptet, der 'Cardinalis Florentinus' habe dieselbe dem König von Frankreich zum Geschenk gemacht. Unter dem ersteren ist jedenfalls Cardinal Niccolò Ridolfi zu verstehen, der als Sohn des Pietro Ridolfi und einer Tochter Lorenzos des Prächtigen in Florenz geboren war. Da er 1550 gestorben ist, so kann mit 'rex Gallorum' nur Franz I. (1515—1547) oder Heinrich II. (1547—1559) bezeichnet sein. Da nun die Schrift περὶ τῶν ἐν κεφαλῇ τρωμάτων in die Chirurgensammlung des Niketas aufgenommen ist, so liegt es nahe zu vermuten, daſs Fallopius den cod. Laur. LXXIV, 7 gemeint hat, in welchem jene Schrift in der That mit den Worten τῶν ἀνθρώπων αἱ κεφαλαί beginnt; man muſs dann die Worte 'maiusculis litteris manuscripto' übersetzen: 'mit ziemlich groſsen Buchstaben geschrieben' — was auf diese Handschrift in der That paſst — und nicht: 'in Majuskeln geschrieben'. Die Angabe des Fallopius, daſs Kardinal Ridolfi diese Handschrift dem König von Frankreich geschickt habe, kann freilich nicht richtig sein, doch läſst sich, glaube ich, die Quelle seines Irrtums nachweisen. Fallopius (1523—1562), ein Zeitgenosse von Guido Guidi, wird die Handschrift in Rom bei Kardinal Ridolfi selbst benutzt haben, und später durch die in der That leicht miſszuverstehenden Äuſserungen Guidis in der Vorrede zu seiner Chirurgia[40]) zu dem Glauben verleitet worden sein, der Kardinal habe die alte Pergamenthandschrift selbst an Franz I. von Frankreich verschenkt, während thatsächlich, wie wir oben gesehen, nur eine Abschrift derselben nach Fontainebleau gekommen war. Ich verkenne das Miſsliche dieser Erklärung nicht, aber sie scheint mir die einzig mögliche. Denn auf die Pariser Hss. 2247 und 2248 passen die Worte 'maiusculis litteris manuscripto' in keiner Weise, wie man dieselben auch verstehen mag, und eine andere Handschrift des Buches περὶ τῶν ἐν κεφαλῇ τρωμάτων, auf welche Fallopius sich bezogen haben könnte, ist in den Katalogen der Bibliothek von Fontainebleau, die den Bestand unter Franz I. und Heinrich II. verzeichnen, nicht zu finden.

---

39) Vgl. Littré, Oeuvres complètes d'Hippocrate III, S. 182 f.

40) tu, rex regum maxime . . . quum solus habeas . . . graecum etiam volumen, quod Cardinalis Rodulphus . . . ad te misit; unicum enim legebatur in eius amplissima bibliotheca. Vgl. oben S. XVII.

Das Resultat unserer Untersuchung ist, daſs für den Text, und folgerichtig auch für die Illustrationen des Kommentars von Apollonius der cod. Laurent. LXXIV, 7 die Quelle aller Überlieferung ist.

Die Lebenszeit des Apollonius von Kitium steht durch kein direktes Zeugnis fest, sie ist aber durch Kombinationen annähernd bestimmt worden. Die Abfassungszeit seines uns vorliegenden Kommentars kann man sogar in ziemlich enge Grenzen einschlieſsen.

Zunächst hat Wellmann (Hermes XXIII 556 f.) richtig bemerkt, daſs Apollonius um 60 v. Chr. gelebt haben muſs, weil er nach seinem eigenen Zeugnis (S. 1, 17) ein Schüler (genauer: Assistent) des alexandrinischen Arztes Zopyrus gewesen ist; dieser aber wird in den ersten Jahrzehnten des 1. Jahrhunderts v. Chr. gewirkt haben, da er nach Galen XIV 150 K. an Mithridates (offenbar den Groſsen) einmal das Recept zu einem Gegengifte gesandt hat. Für die Entstehung der erhaltenen Schrift werden wir nun weiter einen terminus ante quem und einen terminus post quem gewinnen, wenn es gelingt, den βασιλεὺς Πτολεμαῖος, welchem sie gewidmet ist, zu identificieren und seine Regierungszeit zu bestimmen. Hierbei ist zunächst zu beachten, daſs Apollonius nicht in Alexandria, sondern an einem anderen Orte schreibt[41]) und zwar auf Befehl seines Herrschers (S. 1, 8), an den er sich am Anfang und am Schluſs jedes Buches mit persönlicher Anrede wendet. Er gebraucht hierbei Ausdrücke, welche beweisen, daſs der König Ptolemäus sich an demselben Orte aufhält, wo er selbst schreibt[42]), also ebenfalls nicht in Alexandria. Wir werden daher nicht an einen der Könige von Ägypten denken dürfen, sondern uns nach einem Ptolemäer, der im zweiten Viertel des 1. Jahrhunderts v. Chr. in einem anderen Lande den Königstitel geführt hat, umsehen müssen. So viel ich sehe, kann in dieser Zeit nur der Bruder des Ptolemäus Auletes in Betracht kommen, der von 81—58 v. Chr. Cypern als selbständiges Königreich regiert hat[43]); an diesen wird man aber um so eher

---

41) Dies beweisen m. E. die Worte (S. 1, 16 f.): ὧν (nämlich τῶν τρόπων τῆς ἐμβολῆς) τινὰς μέν καὶ αὐτὸς κατήρτικα, τινὰς δὲ καὶ Ζωπύρῳ παρηδρευκὼς ἐν Ἀλεξανδρείᾳ τεθεώρηκα.

42) S. 9, 22 μετὰ τῆς ἐνδεχομένης ἀκριβείας ἀναγραψέν δοθήσεταί coι, S. 17, 26 τὰ περὶ ὤμου καταρτισμοῦ ἐκδέδωκά coι.

43) Sein Beiname ist meines Wissens nicht überliefert. Er kam nach Trogus Prologus l. XL gleichzeitig mit seinem Bruder Pt. Auletes auf den Thron; dieser, mit dem Beinamen νέος Διόνυσος, regierte, nach dem κανὼν βασιλειῶν des Ptolemäus, vom Jahre 81 ab in Ägypten (Wachsmuth, Einleitung in das Studium der alten Geschichte S. 306). Der König von Cypern nahm im Jahre 58 Gift, als er benachrichtigt wurde, daſs Cato mit der Einziehung der Insel beauftragt sei (Zeugnisse bei Drumann Geschichte Roms II. 265). Ptolemäus X Soter II, 108/107—88 v. Chr. Herrscher auf Cypern, und Ptolemäus Apion, 116—96 v. Chr. König von Cyrene, fallen zu früh, als daſs man an sie denken dürfte. Denn erstlich hat Apollonius nach Erotian p. 32, 1 Klein noch gegen Herakleides von Tarent polemisiert, der Anfang des ersten Jahrhunderts v. Chr. gelebt hat (Susemihl Alex. Litt.-Gesch. II, 418, Anm. 14 und 419, Anm. 21), und zweitens hat er seinen Kommentar offenbar als gereifter Mann geschrieben und nach

denken, weil es von vornherein wahrscheinlich ist, dafs der Cypriote Apollonius nach Beendigung seiner Ausbildung von Alexandria in sein Heimatland zurückgekehrt ist. Auf Grund dieser Erwägungen glaube ich behaupten zu dürfen, dafs Apollonius seinen Kommentar zwischen 81 und 58 v. Chr. verfafst hat. Aus den am Schlufs des ersten Buches stehenden Worten geht übrigens hervor, dafs das zweite und dritte Buch zwar von vornherein geplant waren, dafs sie aber erst, nachdem das erste Buch den Beifall des Königs gefunden hatte, ausgearbeitet, oder wenigstens veröffentlicht worden sind.

Welcher medicinischen Schule Apollonius angehört, ist meines Wissens bisher noch nicht festgestellt; nur dafs er kein Herophileer sei, hat Rosenbaum[41]) hervorgehoben. Eine genauere Prüfung seiner Ansichten läfst jedoch keinen Zweifel darüber, dafs er der ἀγωγή ἐμπειρική, der empirischen Ärzteschule, angehört. Er citiert S. 23, 15 ff. einige Sätze aus einer Schrift des Herophileers Hegetor[45]), in welchen οἱ μόνον αὐτῇ τῇ τριβῇ προσχρώμενοι, d. h. die empirischen Mediciner[46]), heftig bekämpft und auf die Anatomie verwiesen werden. Indem Apollonius diesen Angriff zurückzuweisen versucht, beruft er sich auf τὸ γινόμενον und ἡ τῶν ἀρχαίων ἱστορία und bekennt sich dadurch zur empirischen Schule; denn τήρησις und ἱστορία sind die von sämtlichen empirischen Ärzten anerkannten Erkenntnisquellen.[47]) Aufs beste stimmt hierzu, dafs Apollonius auf die anatomischen Studien der Herophileer höhnisch herabsieht (S. 23, 13 f.); denn die empirische Schule betrachtete nicht nur die Vivisektion, sondern überhaupt die Anatomie als

dem Tode des Zopyrus (er sagt S. 1, 17: ὅτι ὁ ῥηθεὶς ἀνὴρ .... ἐθεράπευεν). Es ist daher geboten, die Abfassungszeit des erhaltenen Werkes in das zweite Viertel des ersten Jahrhunderts zu verlegen. — An den Bruder des Pt. Auletes hat schon Wellmann (bei Susemihl, Al. Litt.-Gesch. II, 441) gedacht, ohne jedoch seine Gründe zu entwickeln.

41) Zu Sprengels Geschichte der Medicin I⁴, S. 547, Anm. 15.

45) Dafs 'Ηγήτωρ Eigenname ist, hat Dietz erkannt und Littré (Oeuvres d'Hippocrate I, 94; vgl. IV, 33) gestützt durch den Hinweis darauf, dafs Galen VIII 955 K. einen Herophileer dieses Namens nennt. Die Stelle ist folgendermafsen zu verbessern: [ἀ]ταλαίπωροι μέν οὖν ἑκάτεροι καὶ ἐλεεῖσθαι δίκαιοι, τῆς μὲν ἀμαθίας οἱ πρότεροι, τῆς φιλονεικίας δ' οἱ δεύτεροι. [ἀ]ταλαίπωροι δὲ καὶ ἡμεῖς, οἷς γε οὐκ ἀρκεῖ τὴν ἰδίαν ἀσκεῖν θεωρίαν τῆς τέχνης, ἀλλὰ τί μὲν Ἡρόφιλος εἶπεν, τί δ' Ἡρακλείδης τε καὶ Χρύσερμος καὶ Ἡγήτωρ οὐκ ὀρθῶς ἐξηγήσαντο, τί δ' ἀντεῖπον (δ' ἄν εἶπεν K.) Ἀπολλώνιός τε καὶ Βακχεῖος καὶ Ἀριστόξενος, εἰδέναι βουλόμεθα. Die Auffassung von Cocchi (dell' anatomia, Florenz 1745, im Anhang), wonach ἡγήτωρ mit 'Führer der Schule' (nämlich der Herophileer) zu übersetzen wäre, wird damit hinfällig. Hieraus ergiebt sich, dafs in der Aufzählung der Werke des Herophilus bei Susemihl, Alexandrinische Litteraturgeschichte I, S. 794 die Schrift περὶ αἰτιῶν zu streichen, und S. 795, Anm. 100 zu berichtigen ist.

46) Vgl. beispielsweise Galen X, 782 K. πῶς δ' ἄν καὶ μετέβησαν ἐφ' ἕτερον ἰδέως τρόπον οἱ τὴν ἄλογον πρεσβεύοντες τριβὴν ἀφ' ὧν αὐτοί τε διὰ παντὸς εἰθίσθησαν οὕτω πράττειν τούς τε διδασκάλους ἐθεάσαντο πρὸ αὐτῶν; οὐδὲν γὰρ οὐδ' ἐπιχειρεῖν ἀξιοῦσιν οἱ τοιοῦτοι δι' ἐνδείξεως λαμβάνειν, ἀρκούμενοι μόνῃ τῇ πείρᾳ.

47) Es genügt, hierfür im allgemeinen auf Galens Subfiguratio empirica, herausgegeben von M. Bonnet (Bonn 1872), zu verweisen. Die übrigen Zeugnisse nahezu vollständig bei Sprengel-Rosenbaum, Gesch. d. Arzneikunde I⁴, 569 ff.

Apollonius.

d

überflüssig und liefs nur die sogenannte τραυματικὴ θέα oder κατὰ περίπτωσιν ἀνατομή, d. h. Beobachtungen im Innern von nicht ex professo geöffneten animalischen Körpern[48]) gelten.

Es bleibt übrig, in kurzen Worten auf die Bedeutung der bildlichen Darstellungen zu dem Kommentar des Apollonius hinzuweisen, die auf den beigegebenen Tafeln nachgebildet sind. Erschöpfende Erläuterung derselben und Einreihung in einen gröfseren Zusammenhang überlasse ich Kundigeren: wenig auf diesem bislang unwegsamen Gebiete bewandert, mufs ich schon für die folgenden Andeutungen die Nachsicht der Kenner in Anspruch nehmen.

Während die grofse Mehrzahl der im codex Laurentianus LXXIV, 7 enthaltenen chirurgischen Schriften nicht mit Bildern versehen ist, weisen Apollonius' Kommentar und Sorans Schrift περὶ ἐπιδέσμων Illustrationen im Text auf. Es kann keinem Zweifel unterliegen, dafs diese beiden Werke schon in den Originalausgaben mit solchen Darstellungen versehen gewesen sind. Für den Kommentar des Apollonius steht dies durch die ausdrücklichen Angaben des Schriftstellers selbst fest; für das Büchlein des Soran müssen wir es gleichfalls annehmen, da dasselbe sich durch die stereotype, knappe Form seiner vielen einzelnen Abschnitte deutlich als erläuternden Text zu Bildern charakterisiert.[49]) Es drängt sich daher die Vermutung auf, dafs die Bilder der Florentiner Handschrift in letzter Linie auf die Darstellungen zurückgehen, welche jene beiden Ärzte zur Veranschaulichung der verschiedenen Einrenkungsmethoden und der verschiedenen Verbände ihren Werken beigegeben hatten. In den Einleitungsgedichten der Chirurgensammlung fehlt es nicht an Andeutungen, welche in dieselbe Richtung weisen. Wenn es in dem zweiten Gedicht heifst:

> 5 ϲκόπει δὲ χεῖραϲ ἀφθόνωϲ τε καὶ φρέναϲ
> ϲοφοῦ Νικήτα δεξιουμέναϲ ὅλουϲ
> ἐν οἷϲ ἐφαπλοῖ ϲυλλογῆϲ τῷ ϲυντόμῳ
> τὴν ὠφέλειαν τοῖϲ λαβεῖν αἱρουμένοιϲ
> παθῶν δυϲαχθῶν ἐκ παλαιῶν ποικίλωϲ
> 10 ἐξεικονίζων ϲυμπάθειαν

48) Celsus pag. 7 f. Daremberg; Galen I, 77; II, 224, 225: ἔγνων οὖν ἐναργῶϲ ἐκ τουτωνὶ τὴν τραυματικὴν θέαν τοῖϲ μὲν ἤδη τι προδεδειγμένοιϲ (vielmehr προδεδιδαγμένοιϲ) βεβαιοῦϲαν ἃ μεμαθήκαϲι, τοῖϲ δ᾽ οὐδὲν προεπιϲταμένοιϲ ἀδυνατοῦϲαν διδάϲκειν τὸ πᾶν. ib. 289; XIII, 604 f. ἡ μὲν γὰρ τῶν ἐμπειρικῶν κατὰ περίπτωϲιν ἀνατομὴ λῆροϲ ἐϲτι μακρὸϲ ὅμοιοϲ ταῖϲ παρακεντουμέναιϲ αἰεὶν ὁλοϲχοίνοιϲ ὀξείαιϲ (vgl. dazu die Anekdote bei Laertius Diogenes II, 81); ib. 609.

49) Der Text desselben ist, wahrscheinlich nach einer der beiden Pariser Hss. der Chirurgensammlung, in Chartiers Ausgabe der Werke des Hippokrates und Galen Bd. XII, S. 505 f. veröffentlicht worden. Ich habe die Florentiner Hs. verglichen und besitze von den zugehörigen Bildern Aufnahmen auf Gelatineplatten. Vielleicht bietet sich mir später Gelegenheit, auch diese Schrift mit ihren Illustrationen herauszugeben. Proben derselben findet man in d'Agincourts Denkmälern der Malerei, herausgeg. von v. Quast I, Taf. 48; vgl. Text S. 48. Dort ist auch die 11. Illustration zu Apollonius nachgebildet.

so ist die Auspielung auf antike Illustrationen unverkennbar, und die Verse 27—33 desselben Gedichts (insbesondere die Worte ὡc εἶχεν, ἐξήνεγκεν) zeigen, dafs Niketas illustrierte Exemplare von Apollonius' Kommentar und Sorans Verbandlehre vorgelegen haben. Genauere Betrachtung der Illustrationen zu der Schrift des Apollonius, die allein hier berücksichtigt werden können, liefert Beobachtungen, welche jene Vermutung bestätigen und zu einem hohen Grade von Wahrscheinlichkeit erheben.

1. Sämtliche Darstellungen, mit alleiniger Ausnahme des βάθρον 'Ιπποκράτουc (Tafel XXIV), stehen in Umrahmungen von ausgesprochen byzantinischem Charakter. Viele derselben passen jedoch nicht in diese Prachtthore hinein, sondern greifen störend darüber hinaus (vgl. Taf. XVII—XIX, XXI, XXV—XXIX). Es ist schwer glaublich, dafs ein byzantinischer Illustrator, der frei komponierte, so ungeschickt verfahren sein sollte; begreiflicher wird das vorliegende unerfreuliche Resultat, wenn man annimmt, dafs von Niketas sowohl die Umrahmung der Bilder, als auch für die Figuren die ungefähre Einhaltung des Mafsstabes älterer Vorlagen angeordnet war.

2. Dafs der Patient auf sämtlichen Bildern nackt dargestellt ist, kann nicht auffallen, da es durch die Art der Operationen fast überall gefordert ist. Dagegen ist es bei der notorischen Abneigung der Byzantiner gegen die Darstellung nackter menschlicher Gestalten höchst auffällig, dafs auch die Ärzte hier häufig unbekleidet erscheinen. (Taf. III 4 Ärzte nackt; IV 2 Ärzte nackt; V 1 von 2 Ärzten nackt; X 1 von 2 Ärzten nackt; XI und XII 1 Arzt nackt; XIII, XIV, XV, XVI 2 Ärzte nackt; XVII, XVIII 3 Ärzte nackt; XIX 4 Ärzte nackt; XX 1 Arzt nackt; XXI 3 Ärzte nackt; XXII 1 Arzt nackt; XXVII 2 Ärzte nackt, der 3. mit Schurz; XXVIII 1 von 3 Ärzten nackt; XXIX 3 Ärzte nackt.) Diese nackten Gestalten beruhen entschieden auf antiker Tradition; wie anstöfsig dieselben dem Illustrator gewesen sind, beweist schlagend die Thatsache, dafs er durchweg die Geschlechtsteile dieser Figuren fortgelassen hat.

3. Vergleicht man die Darstellung auf Taf. VIII mit der entsprechenden Darlegung des Hippokrates, die Apollonius S. 7, 23 ff. anführt, so bemerkt man, dafs die Illustration unvollständig ist; denn die Vorschrift lautet: ἐπὶ μὲν θάτερα τὸ cῶμα καταναγκάζειν, ἐπὶ δὲ θάτερα τὸν βραχίονα cὺν τῷ ξύλῳ, auf dem Bilde sieht man jedoch nur einen Arzt, der am Arm des Patienten zieht; ein zweiter, der den Körper des Patienten nach der entgegengesetzten Seite ziehen müfste, fehlt. Nun beweisen aber die Worte des Apollonius: ἡ ἐπὶ θάτερα κατοχὴ παραλέλειπται, dafs schon die betreffende Illustration der Originalausgabe ebenso unvollständig gewesen ist. Ist es glaublich, dafs ein byzantinischer Illustrator, der ohne Vorlage arbeitete, die kurze, abgerissene Bemerkung des Apollonius beachtet und so richtig verwertet hätte?

4. Wenn die Darstellung des βάθρον 'Ιπποκράτουc auf Tafel XXIV von einem Byzantiner nach der Beschreibung frei entworfen wäre, so würde sie zwar voraussichtlich von Irrtümern ebensowenig frei sein, wie alle übrigen uns bekannten Rekonstruktions-

d*

versuche des Altertums und der Neuzeit, aber die Quelle der Irrtümer würde sich nach-
weisen lassen. Thatsächlich ist nun aber die vorliegende Darstellung ganz sinnlos und
unverständlich. Sie giebt offenbar ein altes Vorbild, welches durch häufige willkürliche
und verständnislose Reproduktion völlig verändert ist, in unbrauchbarer Gestalt wieder.

5. Die Darstellung der Haspeln (ὄνίϲκοι) auf einer ganzen Anzahl dieser Bilder
(Tafel XVII—XIX, XXV—XXIX) ist ebenfalls zunächst unverständlich; doch läfst sich,
wie R. Schöne gesehen hat, noch erkennen, wie diese Darstellung ursprünglich gemeint
gewesen ist. Sämtliche Illustrationen, in denen Haspeln vorkommen, zeigen eine nicht
ganz streng durchgeführte Vogelperspektive. Es stellen sich nämlich der zweifellos wage-
recht zu denkende Holzblock und die hippokrateische Bank, worauf die Patienten ruhen,
in der Aufsicht dar; die stehenden und knieenden menschlichen Figuren aber sind zwar
in der Seitenansicht gezeichnet und nicht in der durch die Vogelperspektive eigentlich
gebotenen Verkürzung, jedoch erscheinen einzelne derselben unter der Maschine (Tafel
XIX und XXVII), obwohl sie zweifelsohne auf gleichem Niveau mit derselben zu denken
sind. Offenbar sind nun auf diesen Bildern auch die Haspeln in der Aufsicht dargestellt.
Man hat sich dieselben, der Vorschrift des Hippokrates entsprechend, wagerecht und der
Schmalseite der Maschine parallel liegend vorzustellen; sie bestanden nach der ursprüng-
lichen Intention aus einer wagerechten Mittelwelle, die sich in zwei senkrecht ein-
gerammten Pfosten drehte, aus zwei Paaren kreuzförmig in die Mittelwelle eingelassener
Querstäbe und aus vier Latten, welche die Endpunkte dieser Querstäbe verbanden.
Diese Konstruktion war für eine Winde, welche nur einen mittelstarken Zug auszuüben
brauchte, insofern sehr praktisch, als man die Drehung derselben durch einfaches An-
fassen der Verbindungslatten bewirken konnte, und nicht noch eine besondere Vorrich-
tung zum Drehen der Mittelwelle anzubringen brauchte. Dafs die Haspeln nicht auf der
Maschine selbst angebracht werden müfsten, sondern auch seitwärts derselben selbständig
aufgebaut werden könnten, wie es hier offenbar überall der Fall ist, hat Apollonius zur
Erläuterung seiner Illustrationen S. 16, 29—31 ausdrücklich hervorgehoben. Auf den vor-
liegenden Bildern sind nun aber erstlich die Pfosten, in denen die Mittelwelle der Haspeln
sich bewegen mufs, gar nicht angedeutet; zweitens sind aufser der Mittelwelle überall nur
je zwei Verbindungslatten gezeichnet; drittens handhaben die Operateure die Haspeln auf
Tafel XVII, XVIII, XXVII, XXVIII, XXIX nicht richtig, indem sie die Mittelwelle an-
fassen, während sie doch, um die Drehung der Winde zu bewirken, nur eine oder zwei
der Verbindungslatten ergreifen dürften, wie es beispielsweise der Arzt auf Tafel XXV
thut. Es leuchtet ein, dafs wir es in allen diesen Fällen mit verständnisloser Reproduk-
tion älterer Zeichnungen zu thun haben.

Fafst man diese Beobachtungen, die sich leicht noch vermehren lassen, zusammen,
so wird man nicht wohl in Abrede stellen können, dafs die Mehrzahl dieser Bilder in
letzter Linie auf die Originalillustrationen zurückgeht. Dafs die Figuren im Durchschnitt

sehr byzantinisch aussehen, kann nicht Wunder nehmen, wenn man bedenkt, wie lang der
Kanal der Tradition vom 1. Jahrh. v. Chr. bis zum 9. Jahrh. n. Chr. ist. Möglich ist
natürlich, dafs einzelne Figuren und ganze Gruppen, die in den Vorlagen undeutlich ge-
worden oder gar nicht mehr vorhanden waren, in dieser Handschrift frei ergänzt worden
sind. In dem ersten Einleitungsgedicht wird ja ausdrücklich hervorgehoben, dafs die von
Niketas aufgefundenen und benutzten älteren Handschriften sich in einem sehr üblen Zu-
stande befunden haben, und die Bilder illustrierter Handschriften sind bekanntlich der Zer-
störung noch mehr ausgesetzt als der Text. So möchte ich denn beispielsweise glauben, dafs
auf Tafel IX die Figur des Arztes, mit langem, auf den Rücken herabfallendem Haar,
welche in Gewandung und Haltung einen völlig byzantinischen Charakter trägt, von dem
byzantinischen Illustrator ganz frei erfunden ist. Es läfst sich auch durch Vergleichung
verschiedener Bilder wahrscheinlich machen, dafs die Vorlagen in verschiedenen Fällen
mit verschiedener Freiheit behandelt worden sind. Der Patient ist auf Tafel X und Tafel
XXX in sehr wunderlicher Weise von dem Gebälk des Praehtthores, in dem die Gruppe
steht. herabhängend dargestellt; dagegen läfst Tafel XX, wo er von einem einfachen Quer-
baum herabhängt, offenbar die ursprüngliche Darstellung noch erkennen. Ebenso denke
ich mir, dafs auf der Darstellung der Tafel XXIII der ϲτρωτήρ, das Querholz, ursprünglich
an zwei Säulen ähnlich wie auf Tafel VII festgebunden gewesen ist. Der Illustrator hat
wohl vorausgesehen, dafs er mit dem Raum nicht ausgekommen sein würde, wenn er auf
Tafel XXIII noch innerhalb der Umrahmung zwei Säulen gezeichnet hätte, und hat des-
halb den ϲτρωτήρ an den Säulen der Umrahmung selbst angebracht. Dafs die Original-
illustrationen farbig ausgeführt gewesen sind, geht daraus hervor, dafs Apollonius S. 2, 23
das angewandte Verfahren als ζωγραφικὴ ϲκιατραφία bezeichnet; dafs aber in den Farben
der byzantinischen Bilder irgend welche Tradition aus dem Altertum erhalten sei, wird
man kaum annehmen dürfen. Ich sehe daher auch nicht die Möglichkeit, zu entscheiden,
ob Apollonius mit den Worten ζωγραφικὴ ϲκιατραφία die von Apollodor aus Athen er-
fundene Methode, 'die Fläche durch Abschattierung zu beleben und dadurch die Form körper-
licher zu gestalten'[50]), hat bezeichnen wollen, oder ein anderes, einfacheres Malverfahren.

Die Tafeln stellen die Bilder der Florentiner Handschrift um etwas weniger als
die Hälfte verkleinert vor Augen. Sie sind in der Kunstanstalt von Albert Frisch in
Berlin mit Benutzung von Aufnahmen des Photographen L. Ciardelli in Florenz her-
gestellt. Der folgenden Beschreibung der einzelnen Darstellungen sind insbesondere die
'Studien über Chirurgie der Hippokratiker' von Sawelli Lurje (Dorpat 1890) zu Gute ge-
kommen, eine Schrift, in welcher die technischen Details so zusammengestellt sind, dafs
sie auch dem Laien fafslich und verständlich werden. Der Einfachheit halber bemerke

50) Vgl. Winter, Eine attische Lekythos des Berliner Museums (55. Berliner Winckelmanns-
programm 1895) S. 8 f.

ich vorweg, dafs die Fleischteile der Figuren nahezu gleichmäfsig auf sämtlichen Bildern mit einem dunkelen Rotbraun koloriert sind.

Tafel I. ἐμβολὴ ὤμου ἡ διὰ τῶν δακτύλων τοῦ ἰατροῦ γινομένη καὶ τοῦ ἀκρωμίου ἀντερείcιοc (ἀντερήcιοc). Reposition der luxatio axillaris. Die starke Zerstörung des Bildes läfst die verwendeten Farben nicht mehr erkennen; doch sieht man noch deutlich, dafs um den Patienten zwei Ärzte beschäftigt sind. Der eine Arzt, in langem Gewande, setzt stehend seine rechte Hand in die Achsel des Patienten, um den Humeruskopf in die Pfanne zu bringen, und stemmt, um sich fest zu stützen, seinen Kopf auf die Schulter desselben. Der zweite Arzt, unbekleidet knieend, scheint den Ellenbogen des Patienten an die Rippen zu drücken. Es ist also die zweite von Hippokrates erwähnte Methode dargestellt (S. 2, 20 f.).

Tafel II. ἐμβολὴ ὤμου ἡ (ὁ) διὰ τῆc πυγμῆc τοῦ ἰατροῦ γινομένη. Reposition der luxatio axillaris. Der auf der stark zerstörten Darstellung nicht mehr sicher erkennbare Vorgang scheint folgender gewesen zu sein: Der Arzt, in langem, rötlichem Gewand, stehend, bog den Vorderarm des unbekleideten Patienten rückwärts zum Rückgrat, fasste mit der rechten Hand den Ellenbogen oben und stemmte die linke Hand neben dem Gelenk von hinten an.

Tafel III. ἐμβολὴ ὤμου διὰ τῆc πτέρνης. Reposition der luxatio axillaris. Der Patient liegt auf dem Rücken; der Operateur kniet auf dem linken Knie, setzt die rechte Ferse in die linke Achselgrube des Patienten und drückt von sich ab, während er mit beiden Händen den luxierten linken Arm des Patienten anzieht. Ein Gehülfe hat unter der linken Achsel des Patienten einen Gurt durchgezogen und bewirkt, indem er die beiden Enden desselben anzieht und seinen linken Fufs gegen die Schulter des Patienten anstemmt, eine Gegenextension. Um den Körper des Patienten in der Rückenlage zu fixieren, hält ein zweiter Gehülfe mit beiden Händen den gesunden Arm, ein dritter den linken Fufs am Boden fest. Sämtliche Figuren sind unbekleidet.

Tafel IV. ἐμβολὴ ὤμου, ὁ διὰ τοῦ κατωμίζοντοc (sc. τρόποc). Reposition der luxatio axillaris. Der Operateur hat seine linke Schulter in die linke Achsel des Patienten eingesetzt und den luxierten Arm mit beiden Händen gefafst, und hält den Körper des Patienten schwebend auf seinem Rücken. Während er nun den luxierten Arm mit Gewalt an seine Brust heranzieht, bewirkt ein an den Patienten sich anhängender Knabe eine Gegenextension.

Tafel V. ἐμβολὴ ὤμου ἡ διὰ τοῦ ὑπεροειδοῦc ξύλου. Reposition der luxatio axillaris. Der Patient schwebt auf einem langen Pfahl, der in seine linke Achsel eingesetzt ist. Ein Arzt in hellblauem, kurzem Gewand zieht den luxierten Arm abwärts, während ein unbekleideter Gehülfe auf der anderen Seite eine Gegenextension bewirkt.

Tafel VI. ἐμβολὴ ὤμου ἡ διὰ τῆc κλίμακος (κλήμακος). Reposition der luxatio axillaris. Der Patient hängt mit der linken Achsel über der zweithöchsten Sprosse einer aufrecht stehenden, dunkelgrauen Leiter; der Arzt, in dunkelrotem, kurzem Gewand, zieht stehend den luxierten Arm abwärts; ein Gehülfe, in kurzem Gewand von noch dunkelerem Rot, bewirkt, indem er knieend die Füfse des Patienten abwärts zieht, eine Gegenextension.

Tafel VII. ἐμβολὴ ὤμου ἡ διὰ τῆς ἄμβης. Reposition der luxatio axillaris. Zwei starke Holzsäulen sind durch einen aufgelegten Querbalken verbunden; an diesem Gerüst ist, etwa in Manneshöhe, ein Querbaum durch Stricke befestigt. Der Patient hängt mit der linken Achsel an diesem Querbaum; ein Arzt in kurzem, aufgeschürztem Gewand von rötlicher Färbung zieht stehend an dem luxierten Arm, an dem die ἄμβη, eine Holzleiste mit einem nach dem Humeruskopf gerichteten hervorstehenden Rande, befestigt ist; ein zweiter Arzt in kurzem, himmelblauem Gewand übt knieend, indem er an den Füfsen des Patienten zieht, eine Gegenextension aus. Ein Rifs in dem Pergamentblatt der Hs., auf auf dem diese Darstellung steht, ist zugenäht, und unten ist ein Streifen aufgeklebt.

Tafel VIII. ἐμβολὴ ὤμου ἡ διὰ τοῦ δίφρου. Reposition der luxatio axillaris. Der Patient ist an einen dunkelgelben Sessel mit hoher Rückenlehne von hinten herangetreten, hat seinen rechten, luxierten Arm über die Lehne gelegt und schwebt über dem Erdboden. Der Arzt, der ein kurzes dunkelblaues Gewand und einen dunkelroten Mantel trägt, hat den luxierten Arm ergriffen und zieht ihn knieend nach unten; die ἄμβη ist nicht sichtbar, mufs aber vorausgesetzt werden. Die Gegenextension ist nicht dargestellt (vgl. oben S. XXVII). Dafs die rechte Achsel des Patienten nicht auf der Lehne des Sessels ruht und dafs die Sitzfläche des Sessels sich nach hinten ein Stück verlängert, beruht offenbar auf einem Mifsverständnis der Vorlagen. — Erotian S. 70, 4 Klein sagt: πὰc .. δίφροc ἀνακλιcμὸν ἔχων Θεccαλικὸc παρὰ τοῖc παλαιοῖc λέγεται, und dies dürfte auch die Meinung des Apollonius gewesen sein. Galen dagegen fafst den Begriff etwas enger, er erklärt XVIII A 344 K: θρόνου τι τοιοῦτον ἦν cχῆμα κατὰ Θετταλίαν μάλιστα πλεονάζον πάλαι, κατ' εὐθείαc γραμμὰc ἀνατεταμένον εἰc ὕψοc, ὀρθὸν ἔχον τὸ οἷον ἐπίκλιντρον[51]) τοῦ θρόνου, περὶ οὗ τὴν ἀντίταcιν ἀξιοῖ ποιεῖcθαι, καθάπερ ἔμπροcθεν ὑπὸ (vielmehr ὑπέρ) τοῦ cτρωτῆροc ἐδίδαξεν.

Tafel IX. ἐμβολὴ ὤμου ἡ διὰ τῆc δικλίδοc θύραc. Reposition der luxatio axillaris. Der eine Flügel einer zweiflügeligen Thür ist nach aufsen geöffnet. Der Patient hängt mit der rechten Achsel darüber; der Arzt in dunkelblauem, langem Gewande, zieht stehend den luxierten Arm nach unten. — Die Darstellung zeigt, dafs Apollonius unter einer δικλὶc θύρα eine gewöhnliche zweiflügelige Thür verstanden hat. Der Verfasser der Schrift περὶ ἄρθρων wird aber wohl eine andere Thürkonstruktion gemeint haben. Denn da die Operation über einem Thürflügel, wie sie hier dargestellt ist, ebenso gut an einer ein-

---

51) Der Schriftsteller sagt: οἷον ἐπίκλιντρον, da dieses Wort eigentlich nur für die Rückenlehne einer κλίνη gebraucht wird; vgl. Lobeck zu Phrynichus S 132.

flügeligen wie an einer zweiflügeligen Thür gewöhnlicher Konstruktion vorgenommen werden kann, so wäre δικλίc in der Bedeutung 'mit zwei nebeneinander liegenden Flügeln' ein müfsiger Zusatz. Wahrscheinlich trifft Galen das Richtige mit folgender Erklärung XVIII A 344 f.: εἰcὶ δέ τινεc τοιαῦται θύραι κατὰ μέcον ἑαυτῶν ἔχουcαι διῆκον ξύλον ἰcχυρὸν οἷοc ὀλίγον ἔμπροcθεν ὁ cτρωτὴρ μεταξὺ τῶν δύο κιόνων ὑπάρχειν ἐλέγετο. τοῦδε τοῦ ξύλου κάτωθεν μὲν ἑτέρα τιc ἐcτιν ἀνοιγομένη θύρα, ἄνωθεν δὲ ἄλλη, καὶ διὰ τοῦτο δὴ καὶ τὴν θύραν δικλίδα εἴρηκεν οἷον διπλῆν τινα ὑπάρχουcαν, ⟨περιέχουcαν⟩ ἐν ἑαυτῇ δύο θύραc μικράc. ὑπερβάλλειν οὖν κελεύει τὸν ἐξηρθρηκότα ὦμον ὑπὲρ τὸ μεταξὺ δύο θυρῶν ξύλον ἕνεκα τῆc ἀντιτάcεωc. Die Definition Erotians (S. 64, 8 Klein: δικλίδεc ἰδίωc λέγονται θύραι αἱ δίχα τετμημέναι, ὡc δύναcθαι μέρουc τινὸc κεκλειcμένου τὸ λοιπὸν ἀνεῷχθαι) läfst beide Auffassungen zu. Derartige Thüren mit zwei übereinander liegenden, durch einen Querbalken getrennten Flügeln wird man wohl angewendet haben, nm den oberen Flügel als eine Art von Fenster öffnen zu können, ohne doch das Dnrchgehen durch die Thür zu gestatten.

Tafel X. ἐμβολὴ ἀγκῶνοc. Reposition des 'nach innen oder aufsen luxierten Ellenbogens' (1V, 134 § 22 L.); nach neuerer Terminologie Reposition des nach vorn oder hinten luxierten Vorderarms.[52]) Der Patient hängt mit der linken Achsel in einer Schlinge. Bei spitz flektiertem Ellenbogen zieht der Arzt, in himmelblauem, kurzem Gewand und rötlichem Mantel, mit beiden Händen am Vorderarm, während ein Gehülfe kniend an der Stelle des Ellenbogengelenks einen Zug nach unten ausübt.

Tafel XI. ἑτέρα (εταιρα) ἐμβολὴ ἀγκῶνοc. Reposition 'des nach vorn luxierten Ellenbogengelenks'; nach nenerer Terminologie Reposition des nach aufsen lnxierten Vorderarms. Der Arzt hat den luxierten Arm des Patienten mit der linken Hand dicht oberhalb des Ellenbogengelenks, mit der rechten dicht unterhalb des Ellenbogengelenks ergriffen nnd sucht durch Beugung des Arms die Einrenkung zu bewirken. In die Ellenbeuge hat man einen festen Körper eingelegt zu denken.

Tafel XII. ἐμβολὴ χειρὸc ἄρθρου (αρθρον) ἡ διὰ τοῦ θέναροc τοῦ ἰατροῦ καὶ τῆc τραπέζηc γινομένη. Reposition einer nach aufsen (nach neuerer Terminologie nach hinten) luxierten Hand. Der Patient hat die rechte Hand auf einen vierbeinigen, wunderlich verzeichneten Tisch mit der vola manus nach unten aufgelegt; der Arzt drückt den hervorstehenden Knochen mit beiden Händen nieder.

Tafel XIII. ἐμβολὴ χειρὸc ἄρθρου (αρθρον) ἡ διὰ τῆc πτέρνηc τοῦ ἰατροῦ καὶ τῆc τραπέζηc γινομένη. Reposition einer nach innen (nach neuerer Terminologie nach vorn) luxierten Hand, doppelt dargestellt. Zwei Patienten haben ihre luxierten Hände, mit dem dorsum manus nach nnten, auf einen Tisch aufgelegt; der Arzt, der sich mit den Händen

---

52) Lurje a. a. O. S. 105: 'Während die Modernen als typische Stellung des Armes diejenige annehmen, wo die vola manus nach vorn, das dorsum nach hinten sieht, lassen die Hippokratiker den Arm frei herabhängen, so dafs die vola manus den Rippen zu, das dorsum nach aufsen gerichtet ist.'

auf ihre Köpfe stützt, tritt mit seinen Füfsen auf die hervorstehenden Knochen. Da für die doppelte Darstellung der Operation eines und desselben Falles auf einem Bilde kein Grund ersichtlich ist, so wird hier ein Mifsverständnis des byzantinischen Illustrators angenommmen werden müssen. Auf der Originalillustration legte wahrscheinlich einer der beiden Patienten seine Hand mit dem dorsum manus nach oben auf den Tisch, dergestalt, dafs das Bild die gleichzeitige Operation zweier verschiedener Fälle durch einen Arzt veranschaulichte. Der Tisch ist hier ebenso wunderlich verzeichnet wie auf Tafel XII.

Tafel XIV. ἐμβολὴ γνάθου. Reposition der Unterkieferluxation. Der Patient sitzt auf einem niedrigen veilchenblauen Schemel; der Operateur fafst seinen Unterkiefer am Kinn mit seinen Fingern vom Munde und von aufsen, und renkt ihn ein, während ein Assistent mit beiden Händen den Kopf des Patienten hält.

Tafel XV. ἐμβολὴ ϲπονδύλων ἡ διὰ τῆϲ κλίμακοϲ (κλημακοϲ) ἐπὶ κεφαλὴν (κεφαληϲ) γινομένη. Reposition einer Wirbelluxation durch Extension der Wirbelsäule. Der Patient ist mit dem Rücken auf eine Leiter aufgelegt und mit fünf Riemen an die Sprossen derselben angebunden, von denen der eine über die Knöchel geht, der zweite unterhalb, der dritte oberhalb der Kniee, der vierte in der Lendengegend, der fünfte in der Brustgegend liegt. Die Leiter ist in der Weise aufgerichtet, dafs der Kopf des Patienten nach unten steht; an die zweitoberste Sprosse derselben sind zwei Stricke angebunden. Diese sind über eine Art von Rolle (καρχήϲιον) geleitet, welche an der Spitze einer hohen, aufrecht stehenden Stange (ἱϲτόϲ) angebracht ist. Zwei Ärzte haben die Leiter mit diesen Stricken in die Höhe gezogen und lassen sie nun durch gleichmäfsiges Nachgeben herabfallen, so dafs sie mit ihrem unteren Ende auf den Erdboden aufprallt. Dafs die aufrecht stehende Stange nur bis zur obersten Sprosse der Leiter und nicht bis zu den Füfsen des Patienten sichtbar ist, beruht offenbar auf einem Mifsverständnis der Vorlagen; auch müfsten die Riemen in der Brust- und Lendengegend über die Arme des Patienten hinüberlaufen und nicht zwischen den Armen und dem Körper durchgehen.

Tafel XVI. ἐμβολὴ ἑτέρα ϲπονδύλων ἡ διὰ τῆϲ κλίμακοϲ (κλημακοϲ) ἐπὶ πόδαϲ γινομένη. Reposition einer Wirbelluxation durch Extension der Wirbelsäule. Der Patient ist, wie auf dem vorigen Bilde, mit Riemen an einer Leiter befestigt, jedoch mit dem Kopf nach oben; die Ärzte verfahren ebenso wie dort. Die Stricke scheinen auch hier an der zweitobersten Sprosse der Leiter befestigt zu sein; ein über die Stirn des Patienten laufender Riemen ist nicht mehr erkennbar, mufs aber nach der Beschreibung vorausgesetzt werden. Die beiden untersten Riemen dienen, genau nach der Vorschrift, nur zum Zusammenhalten der Beine und sind nicht an Sprossen befestigt.

Tafel XVII. ἐμβολὴ ϲπονδύλων ἡ διὰ τῆϲ καθέδραϲ τοῦ ἰατροῦ καὶ τῶν ὀνίϲκων γινόμενη. Reposition einer Wirbelluxation. Der Patient ist in Bauchlage auf einen grofsen Holzblock hingestreckt. Die Enden eines über seinen Nacken gehenden und unter seinen Achseln durchgeführten Riemens laufen zu einer Haspel; ein zweiter Riemen liegt oberhalb der Kniee; die Enden eines dritten, der um die Waden geschlungen ist, laufen zu einer zweiten Haspel. Durch Drehung dieser Maschinen üben zwei Ärzte Extension und Gegenextension aus, während ein dritter Arzt mit seinem Gesäfs auf den luxierten Wirbel drückt.

Tafel XVIII. ἐμβολὴ cπονδύλων ἡ διὰ τῆc πτέρνηc τοῦ ἰατροῦ καὶ τῶν ὀνίcκων γινομένη. Reposition einer Wirbelluxation. Extension und Gegenextension genau wie auf der vorhergehenden Darstellung; der dritte Arzt dagegen übt hier nicht mit dem Gesäfs, sondern mit einem Fufs einen Druck auf die luxierte Stelle aus.

Tafel XIX. ἐμβολὴ cπονδύλων ἡ διὰ τῆc cανίδοc καὶ τῶν ὀνίcκων γινομένη. Reposition einer Wirbelluxation. Extension und Gegenextension wie auf Tafel XVIII; der Druck auf die luxierte Stelle wird von zwei Ärzten vermittelst eines hebelartig wirkenden Brettes ausgeübt, das in ein Loch einer (wegen Raummangels nur angedeuteten) Wand eingesetzt ist.

Tafel XX. ἐμβολὴ μηροῦ ἡ ἐπὶ κεφαλὴν καὶ ⟨διὰ⟩ τοῦ (τῆc) πήχεωc τοῦ ἰατροῦ παρὰ τὸν περίναιον γινομένη, ἣν εἰc τὸ ἔcω μέροc ὀλίcθη. Reposition eines nach innen luxierten Oberschenkels. Der Patient, dessen Arme mit zwei Riemen an den Körper festgebunden sind, ist mit den Füfsen an einem Querbaum aufgehängt. Der Arzt fafst knieend mit der rechten Hand das rechte Knie des Patienten und berührt mit dem linken Handgelenk die Kniekehle. Dies beruht offenbar auf einem Mifsverständnis der Vorlage. In der Originaldarstellung wird der Arzt, dem Hippokratestext entsprechend, seinen rechten Ellenbogen zwischen After und Scham des Patienten aufgesetzt, mit dem linken Arm, um beide Hände zu vereinigen, von hinten herumgereicht und, indem er sich an den Körper des Patienten anhängte, den erforderlichen Druck ausgeübt haben.

Tafel XXI. ἐμβολὴ μηροῦ ἡ διὰ τοῦ ἀcκοῦ γινομένη, ἣν εἰc τὸ ἔcω μέροc ὀλίcθη. Reposition eines nach innen luxierten Oberschenkels. Der Patient, dessen linker Oberschenkel luxiert zu denken ist, liegt auf der rechten Seite. Sein Oberkörper ist mit drei Riemen umwunden, ein vierter Riemen prefst seine Schenkel aneinander, ein fünfter geht um die Knöchel. Zwei Ärzte üben knieend Extension und Gegenextension aus. Zwischen die Oberschenkel ist das eine Ende eines Schlauches aus Thierhaut eingeschoben, den ein dritter Arzt aufzublasen beschäftigt ist. Auf welche Art und Weise dies geschieht, ist nicht klar; anscheinend ist der Teil des Schlauches, den der Arzt in der Hand hält, als Blasebalg eingerichtet; ich vermag mir jedoch aus den dort allein siehtbaren beiden Stäben von der Konstruktion desselben kein Bild zu maehen. Vielleieht giebt auch dieses Bild die ursprüngliche Darstellung nieht fehlerfrei wieder.

Tafel XXII. ἐμβολὴ μηροῦ ἡ διὰ τῆc κλίμακοc (κλημακοc) καὶ τοῦ κεραμίου γινομένη, ἣν εἰc τὸ ἔcω μέροc ὀλίcθη. Reposition eines naeh innen luxierten Oberschenkels. Ein leiterartiges Gestell wird von einem knieenden Arzte aufreeht gehalten. Der Patient sitzt rittlings auf der obersten Sprosse; an seinen luxierten rechten Oberschenkel ist mit

einem langen Strick ein Gefäfs angebunden, das mit Wasser gefüllt zu denken ist. Dafs
das linke Bein nicht, der Vorschrift gemäfs, an eine der Sprossen angebunden ist, wird
auf einer Nachlässigkeit des byzantinischen Illustrators beruhen.

Tafel XXIII. ἐμβολὴ μηροῦ ἡ διὰ τοῦ cτρωτῆροc (cτροτῆροc) καὶ τοῦ βάρουc τοῦ
cκέλουc γινομένη, ἣν εἰc τὸ ἔcω μέροc ὀλίcθῃ. Reposition eines nach innen luxierten Ober-
schenkels. An den Säulen der byzantinischen Umrahmung ist ein Querbalken (cτρωτήρ)
mit Stricken in der Weise festgebunden, dafs das eine Ende desselben noch ein gutes
Stück nach auswärts hervorsteht. Auf diesem vorstehenden Ende sitzt rittlings der Pa-
tient, das Gesicht der Säule zugewendet, an welche er, wie es scheint, mit einem breiten
Riemen angebunden ist. Der Arzt, welcher in rotem Gewand und grünlichem Überwurf
hinter dem Querbalken steht, scheint den rechten Arm des Patienten ergriffen zu haben
und nach unten zu ziehen, während ein knieender Gehülfe in dunkelrotem kurzen Gewand
an seinem luxierten linken Schenkel ein mit Wasser gefülltes Gefäfs befestigt.

Tafel XXIV. ἡ τοῦ ὀργάνου κατασκευή· ἤτοι (ειτοι) βάθρον τοῦ Ἱπποκράτουc. Dar-
stellung der sog. 'Bank des Hippokrates'. Ein Vergleich dieses Bildes mit den Angaben
der Schrift περὶ ἄρθρων ergiebt, dafs dasselbe die Originalillustration sehr entstellt wieder-
giebt. Doch kann man aus dem Fehlen der Haspeln wohl entnehmen, dafs Apollonius
dieselben nicht an der Maschine selbst, sondern selbständig neben derselben angebracht
wissen wollte, wofür auch die Analogie der folgenden Darstellungen spricht. Die wage-
rechten Streifen auf dem Brette geben die κάπετοι und die zwischen denselben stehen
gelassenen Holzteile wieder; der senkrecht stehende Stab ungefähr in der Mitte soll wohl
das eingelassene ξύλον, von dem Hippokrates spricht (später πριαπίσκοc genannt), an-
deuten; der schief stehende Stab weiter unten ist vielleicht als ξύλινοc μοχλόc gemeint;
die übrigen Stäbe sind unverständlich. Was die Farben des Bildes betrifft, so ist die um
das Brett herumlaufende Leiste, sowie die sämtlichen an demselben angebrachten Stäbe
hellgelb; die Streifen auf dem Brett selbst sind, von oben nach unten gezählt, folgender-
mafsen koloriert: 1. blau, 2. dunkelgelb, 3. blau, 4. dunkelgelb, 5. blau, 6. hellgelb,
7. dunkelgelb, 8. hellgelb, 9.—15. abwechselnd dunkel- und hellgelb.[53])

---

53) Die Rekonstruktion des βάθρον Ἱπποκράτουc, welche Littré, Oeuvres d'Hippocrate IV, 44
gegeben hat, leidet, wie er selbst gefühlt hat (ib. 46), an einem wesentlichen Mangel. Er nimmt nämlich
an, die zwei von Hippokrates vorgeschriebenen ἐντομαί seien identisch mit zwei der in der Längsrichtung
laufenden κάπετοι. Bei dieser Annahme ist jedoch in dem Satze 'ἔπειτα κατὰ μῆκοc μέν ἔνθεν καὶ ἔνθεν ἐν-
τομήν ἔχειν χρή (nämlich τὸ ξύλον) ὡc μὴ ὑψηλοτέρη τοῦ καιροῦ ἡ μηχάνησιc ᾖ' der letzte Teil nicht zu er-
klären. Auch der Vorschlag von Reinhold, den Littré X, pag. XII—XIV besprlcht, kann nicht befriedigen.
Die richtige Konstruktion hat Littré selbst gefunden, aber wieder aufgegeben. Er sagt nämlich (a. a. O.
IV, 46): J'ai pensé que l'entomé était une entaille faite transversalement à l'extremité de la machine de
manière que l'axe du treuil fût au-dessous du niveau du banc ... La difficulté la plus considérable que
je trouve à cette explication, c'est κατὰ μῆκοc, qui signifie en longueur ... Cette difficulté me paraît
insoluble, à moins qu'on n'entende κατὰ μῆκοc comme sur la longueur. Die sprachlichen Bedenken
Littrés sind unbegründet. Denn der Verfasser der Schrift περὶ ἄρθρων sagt IV, 208 von Operationen auf

Tafel XXV. ἐμβολὴ μηροῦ ἡ διὰ τῆς ὀργανικῆς cανίδος καὶ τοῦ ὀνίcκου εἴτε τοῦ ξύλου ἐνπηγνυμένου τῇ cανίδι (cανίδη) μέcον κατὰ τὸν περίναιον, ἣν εἰc τὸ ἔcω μέροc ὀλίcθῃ. Reposition eines nach innen luxierten Oberschenkels. Der Patient ist in Rückenlage auf eine hippokrateische Bank hingestreckt, deren aufrecht stehender Mittelpflock (πριαπίcκοc) an der zerstörten Stelle in der Schamgegend ursprünglich sichtbar gewesen sein wird. Sein linkes Bein ist mit drei aschgrauen Riemen umwunden; die Fortsetzung derselben hat man sich über die Haspel geleitet zu denken, mit welcher ein knieender Arzt in kurzem, rötlichem Gewand eine Extension ausübt. Apollonius hat also nicht das Verfahren mit dem auf der Bank befestigten κλιμακτήρ darstellen lassen, sondern auf Grund der Worte (S. 23, 12 f.): 'ὥcπερ δὲ καὶ πρόcθεν ἤδη εἴρηται, πολὺ ἀπὸ ἀcθενεcτέρων καταταcίων καὶ φαυλοτέρηc καταcκευῆc πλείcτοιcιν ἐμπίπτει' eine einfachere Methode, bei der sogar nur eine einzige Haspel in Anwendung kommt, veranschaulicht.

Tafel XXVI. ἐμβολὴ μηροῦ ἡ διὰ τῆς ὀργανικῆς cανίδος καὶ τῶν ὀνίcκων καὶ τοῦ μοχλοῦ γινομένῃ, ἣν εἰc τὸ ἔξω μέροc ὀλίcθῃ. Reposition eines nach aufsen luxierten Oberschenkels. Der Patient ist in Rückenlage auf eine hippokrateische Bank hingestreckt; sein luxierter linker Oberschenkel ist mit einem kastanienbraunen Riemen umwunden, dessen eines Ende über die Brust zu der linken Haspel geleitet ist, während man das andere Ende zur rechten Haspel geführt zu denken hat. Zwei Ärzte in dunkelblauen, kurzen Gewändern üben vermittelst der Haspeln Extension und Gegenextension aus. Jenseits der Maschine stehend hat ein Arzt in rötlichem Gewand in eine der Furchen (κάπετοι) der Bank einen Hebel eingesetzt und drückt damit das ausgefallene Gelenk in die Pfanne zurück, während ein vierter Arzt, ebenfalls in rötlichem, kurzem Gewand, von aufsen einen Gegendruck auf den gesunden rechten Oberschenkel des Patienten ausübt.

Tafel XXVII. ἐμβολὴ μηροῦ ἡ διὰ τῆς ὀργανικῆς cανίδος ἤτοι (εἴτοι) ἑτέρας cανίδος κατὰ τοῦ πυγαίου τιθεμένης (τηθεμενης) καὶ τῶν ὀνίcκων γινομένη, ἣν εἰc τὸ ὄπιcθεν (το ο οπιcθεν) μέροc ὀλίcθῃ. Reposition eines nach aufsen luxierten Oberschenkels. Der Patient ist in Bauchlage auf eine hippokrateische Bank hingestreckt; sein luxierter rechter Oberschenkel ist mit Riemen umwunden. Zwei Ärzte üben Extension und Gegenextension aus; ein dritter Arzt, der mit einem gelbschwarzen Schurz bekleidet ist, übt mit einem Brett, das jenseits der Maschine in das Loch einer Wand eingesetzt zu denken ist, einen Druck auf das luxierte Gelenk aus.

Tafel XXVIII. ἐμβολὴ μηροῦ ἡ διὰ τῆς ὀργανικῆς cανίδος ἢ τῶν ὀνίcκων καὶ τῆς καθέδρας τοῦ ἰατροῦ γινομένῃ, ἣν εἰc τὸ ὄπιcθεν μέροc ὀλίcθῃ. Reposition eines nach hinten luxierten Oberschenkels. Extension und Gegenextension des in Bauchlage ruhenden Patienten wie auf dem vorgehenden Bilde; die beiden Ärzte an den Haspeln haben vio-

---

einem einfachen Holzblocke: καὶ γὰρ ἂν κατατείνων κατὰ μῆκος μοῦνον ἔνθεν καὶ ἔνθεν οὕτω καὶ ἄλλην ἀνάγκην οὐδεμίην προcτιθεὶc ὅμωc κατατείνειν ἄν τιc, gebraucht also κατὰ μῆκος genau in dem geforderten Sinne: sur la longueur; dagegen sagt er IV, 184, 14 ἐπὶ μήκος für 'in der Längenrichtung'.

lette, kurze Gewänder. Ein dritter Arzt sitzt auf dem Rücken des Patienten und drückt mit der linken Hand auf das ausgefallene Gelenk.

Tafel XXIX. ἐμβολὴ μηροῦ ἡ διὰ τῆς ὀργανικῆς cανίδοc ἡ τῶν ὀνίcκων τε καὶ τοῦ θέναροc τοῦ ἰατροῦ γινομένη, ἣν εἰc τὸ ἔμπρὸc μέροc ὀλίcθη. Reposition eines nach vorn luxierten Oberschenkels. Der Patient ruht in Rückenlage auf der Bank; Extension und Gegenextension durch zwei Ärzte wie auf den vorhergehenden Bildern. Ein dritter Arzt tritt jenseits der Maschine heran und drückt, indem er seine beiden Hände übereinander legt, auf das luxierte Gelenk.

Tafel XXX. ἐμβολὴ μηροῦ ἡ διὰ τοῦ κρεμαcμοῦ ἐπὶ κεφαλὴν (κεφαληc) καὶ τῷ πήχει τοῦ ἰατροῦ κατὰ τὸ μέcον τοῦ περιναίου καὶ τοῦ ἱεροῦ ὀcτοῦ γινομένη, ἣν εἰc τὸ ἔμπρὸc μέροc ὀλίcθη. Reposition eines nach vorn luxierten Oberschenkels. Der Patient ist an den Füßen aufgehängt. Der Arzt trägt ein kurzes dunkelrotes Gewand mit tief dunkelrotem Saum und weißen Verzierungen, und einen Mantel von hellerem Rot; er führt stehend die Operation aus, deren Methode bei der starken Zerstörung des Bildes nicht mehr erkennbar ist. Nach der Vorschrift des Hippokrates muß er den einen Vorderarm zwischen After und Scham des Patienten eingesetzt und, wahrscheinlich unter Beihülfe des andern Armes, einen Druck auf das luxierte Gelenk ausgeübt haben.

Zum Schluß mag noch darauf hingewiesen werden, daß sich in der Handschrift Nr. 3632 der Bologneser Universitätsbibliothek farbige Nachbildungen fast aller Apollonius-illustrationen des cod. Laur. LXXIV, 7 finden.[54]) M. Wellmann, der dieselben auf meine Bitte angesehen hat, teilt mir Folgendes darüber mit: 'Die Darstellungen chirurgischer Operationen stehen fol. 419ʳ—434ᵛ. Es sind kolorierte Bilder wie die des cod. Laur., nur viel roher ausgeführt; sie stehen in derselben Umrahmung wie die des cod. Laur.: unter einem von zwei Säulen getragenen Bogen mit zurückgeschlagenen Vorhängen. Die Darstellungen sind meist 20 cm breit und 24 cm hoch, der Abstand der Säulen beträgt 16¼ cm und mehr. Die Maße sind nicht ganz konstant.' Hieraus geht hervor, daß die Kopieen in der Größe der Originale ausgeführt sind. Da es möglich ist, daß einzelne Bilder der Florentiner Hs. zu der Zeit, als diese Kopieen angefertigt wurden, besser und vollständiger erhalten gewesen sind als heutzutage, so können einige der Nachbildungen einen gewissen Wert haben. Es ist deshalb zu wünschen, daß dieselben einmal mit den Tafeln dieser Ausgabe genau verglichen werden. Die Handschrift wird von Olivieri und Wellmann ins

---

54) Vgl. A. Olivieri, Codices Graeci Bononienses (Studi Italiani di filologia classica III, S. 455 f.). Das Bild auf fol. 433ᵛ dieser Hs., das keine Beischrift trägt, ist vermutlich eine Kopie von Tafel 1 oder II oder X oder XXIV der vorliegenden Publikation, denn nur die vier auf diesen Tafeln stehenden Beischriften fehlen in dem Verzeichnis von Olivieri. Die drei übrig bleibenden Illustrationen der Florentiner Hs. scheinen überhaupt nicht kopiert worden zu sein. Die von der Ordnung des cod. Laur. abweichende Reihenfolge dieser Bilder, in der man kein Princip entdecken kann, beruht wohl nur auf Irrtümern des Buchbinders, der anscheinend die Blattlagen vertauscht hat.

15. Jahrhundert gesetzt; da jedoch der cod. Laur. erst 1492 nach Italien gekommen ist, so ist es von vornherein wahrscheinlich, dafs diese Kopieen der Bilder desselben erst im 16. Jahrhundert gemacht sind.

Die vorliegende Publikation ist durch die Unterstützung, die mir von verschiedenen Seiten zu Teil geworden ist, sehr gefördert worden. Ich sage vor Allem, zugleich im Namen der Verlagsbuchhandlung, der Königlichen Akademie der Wissenschaften in Berlin ehrerbietigen Dank dafür, dafs sie durch Bewilligung der zur Herstellung der Tafeln erforderlichen Summe die Publikation der Illustrationen ermöglicht hat. Der frühere Direktor der Biblioteca Laurenziana in Florenz, Baron del Podestà, hat mir seiner Zeit mit der gröfsten Liebenswürdigkeit die Erlaubnis gegeben, photographische Aufnahmen der Illustrationen zu Apollonius und Soran machen zu lassen. Meinem Vater und meinem Freunde August Brinkmann bin ich vornehmlich für ihre Beiträge zur Herstellung des Textes zu herzlichem Dank verpflichtet; ihre Ratschläge sind aber auch den vorstehenden Darlegungen an vielen Stellen zu Gute gekommen. Den Hinweis auf die Bologneser Hs. verdanke ich Herrn Professor Elter in Bonn. Max Wellmann und Hans Graeven haben mich durch gelegentliche Auskunft unterstützt.

Der Text des Kommentars von Apollonius ist zum ersten Mal von Friedrich Reinhold Dietz im ersten Band der Scholia in Hippocratem et Galenum (Königsberg 1834), p. 1—50 veröffentlicht worden. Den gröfsten Teil dieser Ausgabe (bis S. 29, 6 meiner Ausgabe) hat Carl Gottlob Kühn in 14 Leipziger Programmen (1837—1840) mit einer lateinischen Übersetzung von Fickel wieder abdrucken lassen, ohne zur Herstellung des Textes und zur sachlichen Erläuterung etwas beizutragen.

Zum Verständnis der folgenden neuen Bearbeitung von Apollonius' Kommentar sind einige Vorbemerkungen erforderlich. Was zunächst den Text des Apollonius selbst mit Ausschlufs der Hippokratescitate betrifft, so habe ich in den Anmerkungen die Lesungen des cod. Laur. LXXIV, 7 ohne besondere Bezeichnung gegeben und dieselben von weiteren Bemerkungen durch Doppelpunkt geschieden. Die Vorschläge von Dietz sind mit Dtz bezeichnet. Die Hippokratescitate habe ich etwas anders behandelt. An sich wäre jedenfalls das Wünschenswerteste gewesen, diese Citate genau nach der Handschrift abzudrucken, weil eine sichere Entscheidung über das, was Apollonius gelesen hat, häufig nicht möglich ist. Indem ich mich aber durch praktische Rücksichten zu einem etwas abweichenden Verfahren genötigt sah, glaubte ich der Ansicht vorbeugen zu müssen, dafs die im Text gebotene Gestaltung der Hippokratesstellen eine definitive sein solle. Ich habe daher bei den Hippokratescitaten nicht hervorgehoben, ob die im Text stehende, von der Lesung der Hs. abweichende Form von Dietz oder von mir eingeführt ist. Die vollständige Mitteilung der Varianten wird im vorliegenden Falle, wo nur eine Hs. in Betracht kommt, nicht als lästig empfunden werden. In eckige Klammern [ ] sind getilgte, in spitze Klammern ⟨ ⟩ ergänzte Worte und Buchstaben eingeschlossen; vor den Hippokratescitaten stehen in Parenthesen ( ) Verweisungen auf die Textausgabe von Littré. Ein vollständiges Wortverzeichnis denke ich einem Abdruck des Textes, welcher später in der Bibliotheca Teubneriana erscheinen soll, beizufügen.

Eine Untersuchung des Wertes der von Apollonius gebotenen Hippokrates-Überlieferung bleibt Kühlewein vorbehalten, welcher eine Ausgabe der hippokrateischen Schriften chirurgischen Inhalts vorbereitet. Ich beschränke mich hier darauf, hervorzuheben, daſs Apollonius am Schluſs der Schrift περὶ ἄρθρων ein kurzes Summarium derselben gelesen hat, welches er dem Anschein nach vollständig mitteilt (S. 32, 23 ff.). Dasselbe deckt sich nur zum Teil mit den entsprechenden Abschnitten des μοχλικόν, einer Schrift der hippokrateischen Sammlung, in der Auszüge aus περὶ ἀγμῶν und περὶ ἄρθρων zusammengearbeitet sind.

# ΑΠΟΛΛΩΝΙΟΥ ΚΙΤΙΕΩΣ

## ΤΗΣ ΠΕΡΙ ΑΡΘΡΩΝ ΠΡΑΓΜΑΤΕΙΑΣ

### ⟨ΤΟ ΠΡΩΤΟΝ⟩

Θεωρῶ⟨ν⟩ φιλιάτρωϲ διακείμενόν ϲε, βαϲιλεῦ Πτολεμαῖε, καὶ ἡμᾶϲ δὲ ϲὺ ὁρῶν προ-
θύμωϲ τὰ ὑπό ϲου προϲταχθέντα διαπραϲϲομένουϲ, τῶν ὑπό Ἱπποκράτουϲ τοῦ θειοτάτου, ⟨τοῦ⟩  5
ϲυγγράψαντοϲ περὶ ὀργάνων, εἰϲ ἀνθρώπων βοήθειαν ἐπινενοημένων μεταλαμβάνειν καλῶϲ
ἔχειν ἐνόμιζον τὰ περὶ ἐξαρθρήϲεων αὐτῷ ϲυγγραφέντα, δεόντωϲ ἐπιλαβὼν καὶ τὰ περὶ ὤμου
καταρτιϲμοῦ, ὃ κατὰ τὸ παρὸν ἐπέταξαϲ μεταδοῦναί ϲοι. ἐπεὶ γὰρ ἔνιοι δι' ἀπειρίαν τινῶν
ἠχρειώθηϲαν, οἳ δὲ καὶ πρὸϲ πολλῶν χρείαϲ εὔθετοι καθεϲτῶτεϲ ἐνεποδίϲθηϲαν τῷ ὄκνῳ ἑαυτῶν
διερμηνεῦϲαί ϲοι, τινῶν δὲ οὐδὲ παραχρῆμα κατανοηϲάντων ἢ ϲυλλογιϲαμένων τὴν περὶ τῶν  10
ἄρθρων ἔκπτωϲίν τε καὶ παράρθρηϲιν, ⟨ὃ⟩ καὶ παρέλιπον τὴν διὰ τῆϲ ὀργανικῆϲ ὕληϲ ἔντεχνον
ἁρμονίαν, τῆϲ τε κατὰ παλαίϲτραν γιγνομένηϲ ἀρθρεμβολήϲεωϲ δημιύδωϲ πραϲϲομένηϲ, μηδὲ
ἕν ϲε τῶν τοιούτων διαλανθανέτω. ἵνα δὲ πάνυ εὐπαρακολούθητά ϲοι τὰ [παρά τ'ανέροϲ] κατὰ
μέροϲ γένηται, πρότερον τὰϲ τοῦ Ἱπποκράτουϲ λέξειϲ ἐκθήϲομαι· ⟨....⟩ ἑτοιμοτέρουϲ τοὺϲ τρό-
πουϲ τῶν ἐμβολῶν ὑποτάξομεν, οἷόν τινα ἔραν⟨ον⟩ ἀπ' αὐτῶν τῶν ἔργων ⟨....⟩ διὰ τῆϲ τῶν  15
ϲυμπαραλαμβανομένων ἀνδρῶν ὑπηρεϲίαϲ γίνονται· ὧν τινὰϲ μὲν καὶ αὐτὸϲ κατήρτικα, τινὰϲ δὲ
καὶ Ζωπύρῳ παρηδρευκὼϲ ἐν Ἀλεξανδρείᾳ τεθεώρηκα. ὅτι δὲ ὁ ῥηθεὶϲ ἀνὴρ ἐπί τε τῶν
καταγμάτων καὶ ἐπὶ τῆϲ τῶν ἐξαρθρήϲεων χειρουργίαϲ κατὰ τὸ πλεῖϲτον Ἱπποκράτει κατα-
κολουθῶν ἐθεράπευεν, μαρτυρήϲειεν ἂν ἡμῖν Ποϲειδώνιοϲ τῷ αὐτῷ ϲυνδιατετριφὼϲ ἰατρῷ.

Ἐνῆρκται τοίνυν ὁ Ἱπποκράτηϲ τοῦ περὶ ἄρθρων βιβλίου τὸν τρόπον τοῦτον (IV 78 L)·  20
ὤμου δὲ ἄρθρον ἕνα τρό⟨πον⟩ οἶδα ὀλιϲθάνον[τα] τὸν εἰϲ τὴν μαϲχάλην· ἄνω δὲ
οὔπω εἶδον οὐδὲ εἰϲ τὸ ἔξω. ἑξῆϲ δὲ ἐπὶ ποϲὸν περὶ τινων διελθὼν οὕτωϲ διαϲαφεῖ

---

4 θεωρῶ: corr. Cocchi    6 ἐπινενοημενην: corr. Dtz    μεταλαμβάνειν: cf. ind.    7 δεόντοϲ:
corr. Dtz    8 ὅ: f. ἃ vel ὧν    9 ἠχριώθηϲαν: corr. Dtz    πολλῶν: f. πόνων    10 ϲυλλογηϲαμένων:
corr. Dtz    π. τῶν ἄρθρων: f. π. τὰ ἄρθρα; sed cf. p. 8, 20    11 ⟨ὃ⟩ (qua de causa) inserui coll. p. 24, 31
13 παρά τ'ανέροϲ seclusi ex dittographia nata; παρὰ τάνδρόϲ Dtz    14 ἐκθϲωμαι: corr. D:z
⟨εἶτα δι' ὑποδειγμάτων⟩ suppl. Brinkmann    15 ἐμβολαίων ὑποτάξαμεν: correxi; ἐμβολῶν ὑπετάξαμεν Dtz
ἔραν ὑπ': ὑποταξάμενοϲ οἷόν τινα ἔρανον ἀπ' αὐτῶν τ. ἔ. ὡϲ διὰ Cocchi    ἔργων διὰ: f. ⟨αἳ⟩ διὰ
16 ϲυμπεριλαμβανομενων: correxi    17 f. ⟨τῆϲ⟩ τῶν    19 ποϲιδώνιοϲ: corr. Dtz    19. 20 ἰατρῷ ὅν·
Ἤρκται: correxi    21 τρό (in fine versus) οἶδα    ὀλιϲθανοντα τον

APOLLONIUS                                                                                     1

2        APOLLONII CITIENSIS

(IV 80 L)· εὐπαίδευτον δέ ἐςτι τὸ εἰδέναι πάντας τοὺς τρόπους τῶν ἐμβολέων, οἷς ἰητροὶ ἐμβάλλουςι καὶ ὡς αὐτοῖς τοῖς τρόποις τούτοις κάλλιςτα ἄν τις χρέοιτο. χρῆςθαι δὲ χρὴ τῷ κρατίςτῳ τῶν τρόπων, ἢν τὴν ἰςχυροτάτην ἀνάγ-κην ὁρᾷς. κράτιςτος δὲ ὁ[ς] ὕςτατος τετραψόμενος. πάντας δὲ τοὺς ἐφεξῆς καταρ-
5 τιςμοὺς τῆς εἰς τὸ κάτω τοῦ ὤμου τινομένης ἐξαρθρήςεως διαςεςάφηκεν, ὧν πρῶτον τὸν δι' αὐτῶν τῶν ἰδιωτῶν ἐπιτελούμενον οὕτως κατακεχώρικεν (IV 80 sq. L)· εἰ μὲν οὖν πυκνὰ ἐκπίπτει, ἱκανοὶ ὡς ἐπὶ πολὺ αὐτοὶ ἑαυτοῖς εἰςιν ἐμβάλλειν. τιςὶν τὰρ φύςει τὸ τοῦ ὤμου ἄρθρον, καθάπερ ἐκτέθειται, ςυνεχῶς ἐκπίπτει[ν] χωρὶς τῶν ἔξωθεν αἰτιῶν, οἵτινες ῥᾳδίως τὴν ἀποκατάςταςιν τοῦ ἄρθρου ςυνήθως δι' ἑαυτῶν ἐπιτελοῦςιν. ὃν τρόπον δὲ ἐπὶ
10 ⟨τὸ πολὺ⟩ τὸν καταρτιςμὸν ποιοῦνται, [καὶ] διὰ τούτων τὰ ἑξῆς δηλοῖ (IV 82 L)· ἐνθέντες τὰρ τῆς ἑτέρης χειρὸς τοὺς κονδύλους εἰς τὴν μαςχάλην ἀναγκάζουςιν ἄνω τὸ ἄρθρον· τὸν δὲ ἀγκῶνα παράτουςιν ἀεὶ παρὰ τὸ ςτῆθος. ταύτην μὲν οὖν τὴν ἐμβολὴν οὐκ ἀναγκαῖον ἐνόμιζον εἶναι διὰ Ζωτραφίας ὑποδεικνύναι ὃν τρόπον τίνοιτο ὑπὸ αὐτῶν τῶν πεπονθότων [ὑπογράφειν coι], μᾶλλον δὲ τὰς ἐχομένως διαςαφουμένας ⟨ὑπογρά-
15 φειν coι⟩, ὧν οὕτως ἐνῆρκται (IV 82 L)· τὸν αὐτὸν δὲ τρόπον τοῦτον καὶ ὁ ἰατρὸς ἂν ἐμβάλλοι, εἰ αὐτὸς μὲν ὑπὸ τὴν μαςχάλην ἐςωτέρω τοῦ ἄρθρου τοῦ ἐκπεπτωκό-τος ὑποβάλλοι τοὺς δακτύλους, ἀπαναγκάζοι δὲ ἀπὸ τῶν πλευρέων ἐπιβάλλων τὴν ἑαυτοῦ χεῖρα ἐπὶ τὸ ἀκρώμιον ἀντερείςιος [δὲ] ἕνεκα, τοῖς δὲ τούναςι παρὰ τὸν ἀγκῶνα τὸν βραχίονα ἐμβάλλων ἀντωθέοι πρὸς τὰς πλευράς. ςυμφέρει δὲ
20 κρατερὰς τὰς χεῖρας ἔχειν τὸν ἐμβάλλοντα, ⟨ἢ⟩ εἰ αὐτὸς μὲν τῇςι χερςὶν καὶ τῇ κεφαλῇ οὕτως ποιοίη, ἄλλος δέ τις τὸν ἀγκῶνα παράτοι[το] παρὰ τὸ ςτῆθος. ὁ δὲ κατὰ μέρος χειριςμός, ὃν τρόπον ὑποτετάχαμεν, οὕτω⟨ς⟩ ἂν ἐπιτελοῖτο· τοὺς δὲ ἑξῆς τρόπους τῶν ἐμβολῶν ⟨οὐ⟩ δι' ὑπομνημάτων, Ζωτραφικῆς δὲ ςκιαγραφίας τῶν κατὰ μέρος ἐξαρθρήςεων παρατωτῆς τε τῶν ἄρθρων ὀφθαλμοφανῶς τὴν θέαν αὐτῶν παραςχηςόμεθά coι.

25        (Tabvla I)

Πρῶτον μὲν οὖν ἐμβολῆς τρόπος τοιοῦτόν τινα τινόμενον ὑπογέτραφεν, ἐάν τε καὶ ἐπὶ τῶν ςυνήθως ἐξαρθρούντων ἐάν τε καὶ ἐπὶ τῶν πρώτως τοῦτο παθόντων ἰατροῦ χρεία τις ᾖ· δεύτερον δὲ τοῦτον κατακεχώρικεν (IV 82 L)· ἔςτι δὲ ἐμβολὴ ὤμου καὶ ἐς τὸ
30 ὀπίςω ὑπερβάλλοντα τὸν πῆχυν ἐπὶ τὴν ῥάχιν, ἔπειτα τῇ μὲν ἑτέρῃ χειρὶ ἀνα-κλᾶν ἐς τὸ ἄνω τοῦ ἀγκῶνος ἐχόμενον, τῇ δ' ἑτέρῃ παρὰ τὸ ἄρθρον ὄπιςθεν ἐρείδειν. ἐφ' ἑκατέρων δὲ τῶν προκειμένων καταρτιςμῶν ἐφέςτακεν, ὅτι κατάταςιν οὐδ' ἥντιν' οὖν ἔχοντες τινῶν ἐξαρθρήςεων κρατοῦςιν, ἐπεί τε ἐν τοῖς περὶ ἀτμῶν τοῦ κατὰ φύςιν ἔχεςθαι διείληφεν τὴν ἐπὶ τῶν τοιούτων τινομένην εἰς τὸ εὐθὺ τάςιν. ἐναρχόμενος δὲ τοῦ
35 βιβλίου οὕτως διαςεςάφηκεν (III 412 L)· τῶν ἐκπτωςίων τε καὶ κατητμάτων ὡς ἰθύ-τατα τὰς κατατάςιας ποιεῖςθαι· αὕτη τὰρ ἡ δικαιοτάτη φύςις. οὐ μὴν ἀλλὰ ποτὲ

4 ὃς ὕςτατος     ἑαυτοῖς; ι in ras.     5 ἐκ τοῦ κάτω: correxi     7 ἐκπίπτοι    ἑαυτοῖς; ι in rasura    8 ἐκπίπτει: corr. Dtz    10 ⟨τὸ πολὺ⟩ addidi   [καὶ] delevi   14 ὑπογράφειν coι transposui; ὑπογράφων Dtz   18 χεῖρα: κεφαλὴν scripsit Hippocrates   ἕνεκα τοις δετῶ ἄνω παρα   21 οὕτω: correxi   23 ἐμβολῶν: correxi; οὐ addidi coll. p. 4, 13   29 ἐμβολῆς   30 ῥάχην   ἀνακλανέςθω ἄνω τοῦ ἀγκόνος   34 ἰθὺ   35 ἐκπτόςιων   ἠθύτατα

τεθεωρηκὼc ἐπὶ τῶν ῥᾳδίωc δυναμένων ὦμον ἀποκαθίcταcθαι τὴν ἔνθεcιν χωρὶc κατατάcεωc
ὃν τρόπον προδιηρίθμηται γεγενημένην οὕτωc ταῖc προκειμέναιc ἐμβολαῖc ἐν τῷ περὶ ἄρθρων
ἐπήνεγκεν (IV 82 L)· αὕτη ἡ ἐμβολὴ καὶ ἡ πρόcθεν εἰρημένη οὐ κατὰ φύcιν ἐοῦcαι
ὅμωc ἀμφιcφάλλουcαι τὸ ἄρθρον ἀναγκάζουcιν ἐμπίπτειν. cπουδῇ μὲν οὕτω
⟨......⟩ κωλύcει τήν τινῶν περὶ τὰ ὄργανα ἀπειρίαν, μάλιcτα τὴν τῶν Ἡροφιλείων ἀχει- 5
ρίαν ἐνδείξαcθαι, οἵτινεc τὴν ἐπὶ τῶν πραγμάτων γυμναcίαν ἀπολελυμένοι, ψιλῶc δ' αὐτῷ τῷ
λόγῳ προcέχοντεc διεcφάληcαν. Βακχεῖοc τοίνυν ἐπιβαλ[λ]όμενοc τὰc Ἱπποκρατείουc λέξειc
ἐξηγήcαcθαι καὶ μὴ δυνηθεὶc νοῆcαι, τί ποτε ἐcτιν τὸ ἀμφιcφάλλουcαι τὸ ἄρθρον, περιβάλ-
λουcαι ⟨ἐπεξηγήcατο⟩, ἐπείπερ εὔγνωcτον ὑπῆρχεν αὐτῷ διὰ πλειόνων, ὅτι παρὰ τῷ ἰατρῷ τὸ
ἀμφὶ περὶ cημαίνει. πῶc δ' οὐκ ἄν τιc εἴπειεν αὐτὸν ὑπ' ἀπειρίαc cυνεcχημένον καὶ τὴν τῶν 10
ἰατρῶν καὶ τὴν τῶν φιλομαθούντων διεcτροφέναι διάνοιαν; ἀπὸ γὰρ τοῦ cφάλλειν, καθάπερ καὶ
ἐν παλαιcτρικῇ τὸ περιcφάλλειν, ⟨τὸ ἀμφιcφάλλειν⟩ ἐν τοῖc προκειμένοιc ἐντέτακται τῷ τὸ ἄρθρον
διά τινοc αἰφνιδίου περὶ τὸν τόπον αἰκιcμοῦ περιορισθὲν εἰc τὸ κατὰ φύcιν ἀποχωρεῖν ἀναγκά-
ζεcθαι. οὐ κατὰ φύcιν δ' οἴεται εἶναι τὰc προκειμέναc ἐμβολὰc διὰ τὸ μὴ μετὰ κατατάcεωc
αὐτὰc γίνεcθαι. ὅτι δὲ οὐ περιβάλλειν τὸ ἄρθρον, ἀλλὰ περιcφάλλειν λεκτέον κατὰ τὸν ἰατρὸν 15
καὶ διότι τὸν τοιοῦτον τρόπον οἴεται παραίτιόν ποτε καταρτιcμοῦ γίνεcθαι, φανερὸν ἐξ ὧν ἐν
τοῖc αὐτοῖc οὕτωc διαcαφεῖ (IV 136 L, cf. 358)· τῶν δὲ ἐμβολέων αἱ μὲν ἐξ ὑπεραιω-
ρήcεωc ἐμβάλλονται, αἱ δὲ ἐκ κατατάcιοc, αἱ δὲ ἐκ περιcφάλcιοc. κέχρηται δὲ τῷ
παραπληcίῳ τῆc ἑρμηνείαc τρόπῳ διαcαφῶν ἐνίοιc οὕτωc (IV 88 L)· περὶ γὰρ τὸ ὑπερο-
ειδὲc ὅμωc ἦν καὶ κατὰ μὲν τὴν κλῆcιν περιcφάλλεcθαι τὸ cῶμα κίνδυνοc ⟨ἢ τῇ⟩ 20
ἢ τῇ. ἔτι δὲ καὶ περὶ μηροῦ καταρτιcμοῦ μνείαν ποιούμενοc οὕτωc δι⟨αc⟩εcάφηκεν (IV 292 L)·
πολλοῖc γὰρ cυγκάμψαcιν τὸ cκέλοc κατὰ τὸ ἄρθρον ἐνέπεcεν ἤδη ἀμφίcφαλcιν
ποιηcάμενοc. τὰ μὲν οὖν πρὸc Βακχεῖον ἐπὶ τοcοῦτον εἰρήcθω· τὴν δὲ δευτέραν ἐμβολὴν
ὃν τρόπον ὑπογέγραπται μεθοδευτέον.

(TABVLA II) 25

Τρίτον δὲ ἐμβολῆc τρόπον ἔγχειρον τῶν κατὰ τὸν ὦμον ἐκπτώcεων εἰκότωc ὑπο-
γέγραφεν (IV 82 L)· οἱ δὲ τὰc ἐμβολὰc ἐρρωμένωc ἐμβάλλειν εἰωθότεc εὐθέωc
καταναγκάζουcι. χρὴ γὰρ τόν τε ἄνθρωπον χαμαὶ κατατεῖναι ὕπτιον, τόν τε ἐμ-
βάλλοντα χαμαὶ ἵζεcθαι ἐφ' ὁκότερα ἂν τὸ ἄρθρον ἐκπεπτώκῃ, ἔπειτα λαβό- 30
μενον ταῖc χερcὶ τῆc χειρὸc τῆc cιναρῆc κατατείνειν, τῇ δὲ πτέρνῃ εἰc τὴν μαc-
χάλην ἐμβάλλοντα ἀντωθεῖν τῇ μὲν δεξιῇ ἐc τὴν δεξιήν, τῇ δὲ ἀριcτερῇ ἐc τὴν
ἀριcτερήν. δεῖ δὲ εἰc τὸ κοῖλον τῆc μαcχάληc ἐνθεῖναι cτρογγύλον τι ἐναρ-

---

1 ῥηιδίωc: corr. Dtz    ὥμον: f. ὥμων    4 lacunam indicavi; f. ⟨.... οὐδὲν⟩ κωλύcει
5 προφιλιων: corr. Dtz    6 αὐτῷ τῷ μοτῷ: correxi    7 βάκχιοc: corr. Dtz    ἐπιβαλλόμενοc: correxi
ἱπποκρατίουc: corr. Dtz    8 περίβαλλουcαι (sic)    9 ⟨ἐπεξηγήcατο⟩ addidi    παρὰ τὸ: corr. Dtz    ἀμφὶ
περὶ    εἰποιεν: correxi    12 τῶ περιcφάλλειν: corr. Dtz; supplevit R. Schoene    τῶ: 'fort. τό' Dtz;
13 οἰκιcμοῦ: correxi    16 καὶ διὰ τί: correxi    17 ὑπερεωρηcεωc    19 ἐνίοιc: f. ἐν τοῖc ⟨αὐτοῖc⟩
20 scrib. καὶ καταπεπήγῃ περιcφ. κτέ. cf. p. δ, 19. κλῆcιν unde natum sit nescio    κινδυνοc εἴη ἔτι ἢ τῇ
καὶ    21 χρείαν π.: corr. Brinkmann    διεcάφηκεν: correxi    22 ἀμφιcφάλcω ποιηcαμένω    23 βάκχιον:
corr. Dtz    26 εἰκότωc cf. ἀξίωc p. 4, 17    30 ἑκάτερα    ἐκπεπτώκει    31 χερcὶ τῆc χειρὸc (sic)
33 ἐναρμόcων

1*

μόcον· ἐπιτηδειόταται δὲ πάνυ αἱ μικκαὶ cφαῖραι αἱ cκληραί, οἷον ἐκ τῶν πολλῶν
cκυτέων ῥάπτονται. ἔπειτεν περὶ τοῦ κατὰ τὴν μαcχάλην γινομένου διὰ τὴν κατάταcιν
κοιλώματοc ὑποδείξαc ἑξῆc φηcίν (IV 84 L)· χρὴ δέ τινα ἐπὶ θάτερα τοῦ κατατεινο-
μένου καθήμενον κατέχειν ἐπὶ τὸν ὑγιέα ὦμον, ὡc μὴ περιέλκηται τὸ cῶμα τῆc
5 χειρὸc τῆc cιναρῆc ἐπὶ θάτερα τεινομένηc· ἔπειτα ἱμάντοc μαλθακοῦ πλάτοc
ἔχοντοc ἱκανόν, ὅταν ἡ cφαῖρα ἐντεθῇ ἐc τὴν μαcχάλην, περὶ τὴν cφαῖραν περι-
βεβλημένου τοῦ ἱμάντοc καὶ κατέχοντοc, λαβόμενον ἀμφοτέρων τῶν ἀρχῶν τοῦ
ἱμάντοc ἀντικατατείνειν τινὰ ὑπὲρ κεφαλῆc τοῦ κατατεινομένου καθήμενον τῷ
ποδὶ προcβάντα τοῦ ἀκρωμίου πρὸc τὸ ὀcτέον. ἡ δὲ cφαῖρα ὡc ἐcωτάτω καὶ ὡc
10 μάλιcτα πρὸc τῶν πλευρῶν κείcθω καὶ μὴ ἐπὶ τῇ κεφαλῇ τοῦ βραχίονοc. οὐδεμία
δὲ ἐπὶ τούτων ἐcτὶ χρεία περιεργαζόμενον ἐξηγεῖcθαι τὰ κατὰ μέροc ἐν τῷ χειριcμῷ πραccό-
μενα· cαφέcτερον γὰρ αὐτὸc ὁ ἰατρὸc ἐν τούτοιc ἕκαcτα ⟨.....⟩ καὶ ὃν τρόπον χρὴ γινώcκειν.
διὸ καὶ μηθεὶc ἡμᾶc ἀργότερον ἱcταμένουc περικάμπτειν ὑπολάβῃ τὴν μετὰ τὰc λέξειc διήγηcιν,
ἀλλὰ τὸ διλογεῖν ἐργῶδεc εἶναι νομίζομεν. ὃν τρόπον μὲν οὖν δεῖ τὸν καταρτιcμὸν τοῦ
15 ἄρθρου πτέρνῃ ποιεῖcθαι, προcυποτετάχαμεν.

(TABVLA III)

Ἀξίωc δὲ ταύτην τὴν ἐμβολὴν ὑπογέγραφεν (IV 84 sq. L)· ἔcτιν δὲ καὶ ἄλλη ἐμ-
βολή, ὥcπερ κατωμίζουcιν ἐc ὀρθόν. μείζω μέντοι χρὴ εἶναι τὸν κατωμίζοντα,
διαλαβόντα δὲ τὴν χεῖρα ὑποθεῖναι τὸν ὦμον τὸν ἑωυτοῦ ὑπὸ τὴν μαcχάλην
20 ὀξὺν κἄπειτα ὑποcτρέψαι, ὡc περ⟨ι⟩ίζηται ἔδρη, οὕτωc cτοχαcάμενον ὅπωc [δὲ]
ἀμφὶ τὸν ὦμον τὸν ἑωυτοῦ κρεμᾷ τὸν ἄνθρωπον κατὰ τὴν μαcχάλην. αὐτόc τε
ἑωυτὸν ὑψηλότερον ἐπὶ τοῦτον τὸν ὦμον ποιείτω ἢ ἐπὶ τὸν ἕτερον· τοῦ ⟨δὲ⟩
κρεμαμένου τὸν βραχίονα πρὸc τὸ ἑωυτοῦ cτῆθοc προcαναγκαζέτω ὡc μάλιcτα.
ἐν τούτῳ δὲ τῷ cχήματι ἀναcειέτω, ὅταν μετεωρίcῃ τὸν ἄνθρωπον, ὡc ἀντιρ-
25 ρέπῃ τὸ ἄλλο cῶμα αὐτῷ ἀντίον τοῦ βραχίονοc τοῦ κατεχομένου. ἢν δὲ ἄγαν
κοῦφοc ᾖ ὁ ἄνθρωποc, καὶ προcεκκρεμαcθήτω τιc ὄπιcθεν κοῦφοc παῖc. δεῖ δὲ
τὸν καταρτιcμὸν οὕτωc ποιεῖcθαι παλαιcτρικώτερον ὄντα καθάπερ ὑπογεγράφαμεν.

(TABVLA IV)

Πᾶcιν δὲ τοῖc προειρημένοιc ὁ Ἱπποκράτηc οὕτωc ἐπεφώνηcεν (IV 86 L)· αὗται αἱ
30 ἐμβολαὶ πᾶcαι κατὰ παλαίcτρην εὔχρηcτοί εἰcιν, ὅτι οὐδὲν ἀλλοίων ἁρμένων
δέονται ἐπειcενεχθῆναι· χρήcαιτο δὲ ἄν τιc καὶ ἄλλοθι. οὐ γὰρ μόνον ἐάν τι
τοιοῦτον ἐν ταῖc κατὰ παλαίcτραν γυμναcίαιc cυμβῇ, χρηcτέον τοῖc προδιηρ⟨ιθμ⟩ημένοιc ἐκ
τοῦ καιροῦ καταρτιcμοῖc, ἀλλὰ καὶ ἐάν ἐν ἄλλοιc τόποιc ἀποληφθεὶc⟨ιν⟩ ἐπακολουθήcῃ μηδὲ-

1 μικκαὶ (sic)    5 cηναρηc    9 πρόc τω    11 πραccόμενον: corr. Dtz    12 'videtur excidisse διη·
 γεῖται vel aliud simile verbam' Dtz; f. ἕκαcτα ⟨διέcταλ⟩ται ὃν κτέ.    13 μηθ' εἱc    ὑπολάβοι: correxi
14 τῷ δη λέγειν: corr. Brinkmann    15 περιποιεῖcθαι: correxi    17 ἀξίωc cf. εἰκότωc p. 3, 27    20 ὥcπερ
ἰζεται ἔδρη    ὅπωc δὲ ἀμφὶ    21 κρεμᾷ (sic)    22 τοῦ κρεμαμένου    25 ἄλλω    ἰν· δέ    30 ἀλο-
ὀργάνων
λίων ὀργαμενων (ex ἀρμένων natum)    32 τοιουτω    προδιηρημένοιc: correxi    23 ἀπολειφθεὶc: correxi
(iunge ἀπολ. ἐπακ.); ἀποληφθείc (?) Dtz    ἐπακολουθηcη: cf. Soranus p. 215, 18 Rose

μιᾶς ὀργανικῆς ἀνάγκης παρούσης. ἤδη δὲ καὶ τὰς ἐπὶ ποσόν τῆς διὰ τῶν ἀνδρῶν γινομένης βίας προσδεομένας ἐξαρθρήσεως μοχλείας οὕτως διασαφεῖ (IV 86 sq. L)· ἀτὰρ καὶ οἱ περὶ τὰ ὕπερα ἀναγκάζοντες κατὰ φύσιν ἐμβάλλουσι. χρὴ δὲ τὸ μὲν ὕπερον κατει-λίχθαι τινί· ἧσσον γὰρ ἂν ὀλισθάνοι· ὑπηναγκάσθαι δὲ μεσηγὺ τῶν πλευρέων καὶ τῆς κεφαλῆς τοῦ βραχίονος. καὶ ἢν μὲν βραχὺ ἔῃ τὸ ὕπερον, καθῆσθαι χρὴ 5 τὸν ἄνθρωπον ἐπί τινος, ὡς μόλις τὸν βραχίονα περιβάλλειν δύνηται περὶ τὸ ὕπερον. μάλιστα δὲ ἔστω μακρότερον τὸ ὑπεροειδές, ὡς ἂν ἑστεὼς ἄνθρωπος κρέμηται μικροῦ δεῖν ἀμφὶ τῷ ξύλῳ· καὶ ἔπειτα ὁ μὲν βραχίων καὶ ὁ πῆχυς παρατεταμένος παρὰ τὸ ὕπερον ἔστω, τὸ δὲ ἐπιθάτερα τοῦ σώματος καταναγ-καζέτω τις περιβάλλων περὶ τὸν αὐχένα παρὰ τὴν κλεῖδα τὰς χεῖρας. αὕτη ἡ 10 ἐμβολὴ κατὰ φύσιν ἐπιεικέως ἐστίν, καὶ ἐμβάλλειν δύνανται, ἢν χρηστῶς σκευά-σωνται. δεῖ γὰρ ἡμᾶς τὸ ξύλον ἀσφαλῶς ἑδράζειν, ὅπως ἂν μή τι κατὰ τὸν χειρισμὸν ἐμπόδιον ἐπενέγκῃ σαλευόμενον, ἐπεί γε βιαιοτέραν ἔχει τὴν μοχλείαν οὗτος ὁ τρόπος· ὡς δ' ἄν τις χρῷτο τῷ καταρτισμῷ περὶ τὸ ὑπεροειδὲς ξύλον, ὑπόκειται.

(Tabvla V) 15

Ἀσφαλέστερον δὲ τό⟨ν⟩ διὰ τοῦ κλιμακίου γινόμενον διὰ τούτων ὑποτέταχεν (IV 88 L)· ἀτὰρ καὶ ἡ κατὰ τοῦ κλιμακίου ἑτέρη τις τοιαύτη καὶ ἔτι βελτίων, ὅτι ἀσφαλέ-στερον πᾶν τὸ σῶμα τὸ μὲν τείνεται, τὸ δὲ ἀντισηκώσει μετεωρισθέν. περὶ γὰρ τὸ ὑπεροειδὲς ὅμως ἢν καὶ καταπεπήγῃ, περισφάλλεσθαι τὸ σῶμα κίνδυνος ἢ τῇ ἢ τῇ. χρὴ μέντοι καὶ ἐπὶ τῷ κλιμακτῆρι ἐπιδεδέσθαι τι στρογγύλον ἄνωθεν 20 ἐναρμόσον ἐς τὸ κοῖλον τῆς μασχάλης, ὅπως διαναγκάσῃς τὴν κεφαλὴν τοῦ βραχίονος εἰς τὴν φύσιν ἀπιέναι. πυκνότερον εἴωθεν ἐπὶ τῶν ἀναγκαίαν χρείαν ἐχόντων διαστέλλεσθαι πρὸς τὸ μὴ διαλαθεῖν τι τῶν χρησίμων· ὃ δὴ καὶ νῦν πεποίηκεν πάλιν ὑπομνήσας, ὅτι δέον ἐστὶν καὶ ἐπὶ τοῦ κλιμακτῆρος προσεπιδεδέσθαι τι στρογγύλον πρὸς ἐκ-πλήρωσιν τοῦ ἐν τῇ μασχάλῃ κοίλου, τῷ διὰ τοῦ τοιούτου τρόπου μάλιστά πως εἰς τὸ ἄνω 25 μοχλεύεσθαι τὴν τοῦ ὤμου κεφαλήν. τὸ δὲ κλιμάκιον οἱ μὲν οἴονται εἶναι πῆγμα τετρά-γωνον παραπλήσιον κλιμακοειδῆ ἀντίας καὶ ὀνίσκον ἔχον ἐν τῷ κάτω μέρει, οἱ δὲ κλίμακα τὸ κλιμάκιον εἰρῆσθαί φασιν καὶ λαμβάνοντες οἰκοδομικὴν κλίμακα περὶ ἕνα τῶν ἀναβαθμῶν ἀφ' ὕψους ὑπερρίπτουσιν τὴν χεῖρα προϋποτιθέντες σφαίρωμα πρὸς ἐκπλήρωσιν τῆς μασχάλης, εἶτ' ἀφιᾶσιν ἐκ μὲν τοῦ ἑτέρου μέρους τῆς κλίμακος αἰωρεῖσθαι τὸν ἄνθρωπον, τοῦ ἐδάφους 30 ἤτοι μὴ ἁπτόμενον ἢ βραχέως δὲ θιγγάνοντα, ἐκ δὲ τοῦ ἑτέρου μέρους τὴν ἐξηρθρηκυῖαν

<hr>

1 τῇ δ. τ. ἀ. γινομένη βίᾳ: correxi   2 f. ἐξαρθρήσεων μοχλίας   3 κατειληχθαι   4 ὑπη-νεγκασθαι   5 ἡ μὲν β. εἴ καθισθαι   6 μολης   7 ἐστο ὑπεροιδες ὡς ἂν ἔσται ὡς ἆνος   8 μηκροῦ   9 τῶ δὲ   10 περὶ τὴν κλεῖδα   11 σκευάσονται   13 σαλευόμενον θείη γε: corr. Brinkmann   13 σαλευόμενον ἔχει μοχλίαν οὕτως   14 κοῖλον: corr. Dtz   τὸ: correxi   16 et 17 κλιμακίου   17 ἐπι   18 τεινηται   19 καταπεπείγη   κίνδυνος εἴη εἰ τι   20 κλημακτῆρι   21 ἐναρμόσον   23 πρὸς τὼ   25 τὸν διά: correxi; 'f. διὰ τό' Dtz   26 κλημακιον   τετράγονον   27 κλιμακοειδῆ ἀντίας 'f. ἀντίᾳ' Dtz quod non intellego. f. τετραγώνῳ π. κλιμακοειδεῖ ἀντηρίδας κτέ.   κλήμακα τὸ κλη-μάκιον   28 κλήμακα ἔνατον: corr. Dtz   ἄνω βαθμῶν ὑφ' ὕψους: correxi   φησιν: corr. Dtz   29 ὑπερίπτουσιν   30 κλήμακος ἑωρεῖσθαι: corr. Dtz   31 εἴτοι: corr. Dtz   βραχέως δὲ: 'f. τι' Dtz   θιγγανονοντα

χεῖρα διακατέχοντες ἐπὶ ποςὸν ἐπιςπῶνται. καὶ δοκεῖ γέ μοι τοιοῦτος ὁ τῆς ἐμβολῆς ὑπάρ-
χειν τρόπος καὶ οὐ διά τινος ὀργανικῆς ἀνάγκης εἰρῆςθαι γινόμενος. ἐμέμνητο γὰρ ἂν ὁ
ἰατρὸς τῆς κατασκευῆς αὐτοῦ καὶ οὐκ ἄν ποτε τὴν ἑξῆς ἐμβολὴν κρατίστην παςῶν εἶναι διέ-
λαβεν, εἴπερ ἐξεπεφεύγει τὴν τῶν ἐκ τοῦ καιροῦ πρὸς βοήθειαν ἐπινοουμένων μηχανημάτων
5 εὐπορίαν. καὶ τὰ ἑπόμενα δὲ ςὺν τοῖς προδιηριθμημένοις τῆς αὐτῆς ἐπινοίας ἔχεται· οὐ μὴν
ἀλλ' ἐν τοῖς ἐπὶ πᾶςι τοῦ βιβλίου ἀνακεφαλαιούμενος πάςας τὰς ἐμβολὰς καὶ ἐπὶ τοῦ ὤμου
φηςίν, ὅτι καὶ περὶ κλίμακος ⟨εὖ καταρτίζεται· ὡς⟩ δὲ χρηςτέον ἐςτὶ τῇ ὑποπιπτούςῃ με-
θόδῳ, προςυπόκειται.

(TABVLA VI)

10          Κράτιστον δὲ ὤμου καταρτιςμὸν διὰ τῶν ἐχομένων οὕτως φηςίν (IV 88 L)· κρατίςτη
μέντοι παςέων τῶν ἐμβολέων ἥ τοιήδε. Εὔλον χρὴ εἶναι πλάτος μὲν ὡς πεντα-
δάκτυλον τὸ ἐπίπαν ἢ τετραδάκτυλον, ⟨πάχος δὲ ὡς διδάκτυλον⟩ ἢ καὶ λεπτό-
τερον, μῆκος δὲ δίπηχυ ἢ καὶ ὀλίγῳ ἔλαςςον. ἔςτω δ' ἐπὶ θάτερα ἄκρον περι-
φερὲς καὶ ςτενότατον ταύτῃ καὶ λεπτότατον. ἄμβην δὲ ἐχέτω μικρὸν ὑπερέχου-
15 ςαν ἐπὶ τῷ ἐςχάτῳ τοῦ περιφερέος ἐν τῷ μέρει μὴ τῷ πρὸς τὰς πλευράς, ἀλλὰ
τῷ πρὸς τὴν κεφαλὴν τοῦ βραχίονος ἔχοντι, ὡς ὑφαρμόςειε τῇ μαςχάλῃ παρὰ
τὰς πλευρὰς ὑπὸ τὴν κεφαλὴν τοῦ βραχίονος ὑποτιθέμενον. ὀθονίῳ δὲ ἥ ταινίη
μαλακὴ ἁπλῆ κατακεκολλήςθω ἄκροθεν τὸ Εὔλον, ὅπως προςηνέςτερον ἔῃ. ἔπειτα
χρὴ ὑπώςαντα τὴν κεφαλὴν τοῦ Εὔλου ὡς ἐςωτάτω μεςηγὺ τῶν πλευρέων καὶ
20 τῆς κεφαλῆς τοῦ βραχίονος, τὴν ὅλην χεῖρα πρὸς τὸ Εὔλον κατατείναντα προς-
καταδῆςαι κατά τε τὸν βραχίονα κατά τε τὸν πῆχυν κατά τε τὸν καρπὸν τῆς
χειρός, ὡς ἀτρεμέῃ. μάλιςτα δὲ περὶ παντὸς χρὴ ποιεῖςθαι ὅπως τὸ ἄκρον τοῦ
Εὔλου ὡς ἐςωτάτω τῆς μαςχάλης ἔςται, ὑπερβεβηκὸς τὴν κεφαλὴν τοῦ βραχίο-
νος. ἔπειτα χρὴ μεςηγὺ δύο ςτύλων ςτρωτῆρα πλάγιον εὖ προςδῆςαι καὶ ἔπειτα
25 ὑπερενεγκεῖν τὴν χεῖρα ςὺν τῷ Εὔλῳ ὑπὲρ τοῦ ςτρωτῆρος, ὡς ἥ μὲν χεὶρ ἐπὶ
θάτερα ἔῃ, ἐπὶ θάτερα δὲ τὸ ςῶμα, κατὰ τὴν μαςχάλην δὲ ὁ ςτρωτήρ· καὶ ἔπειτα
ἐπὶ μὲν θάτερα τὴν χεῖρα καταναγκάζειν ςὺν τῷ Εὔλῳ περὶ τὸν ςτρωτῆρα, ἐπὶ
δὲ θάτερα τὸ ἄλλο ςῶμα. ὕψος δὲ ἔχων ὁ ςτρωτὴρ προςδεδέςθω, ὥςτε μετέωρον
τὸ ἄλλο ςῶμα εἶναι. ταύτης δὲ τῆς ἐμβολῆς τὴν ἰςχυροτάτην ἀνάγκην περιεχούςης ὁ
30 Βακχεῖος τὴν ἐπὶ τοῦ μοχλοειδοῦς Εὔλου λεγομένην ἄμβην οὕτως ⟨ἐν τοῖς⟩ περὶ τῶν Ἱππο-
κρατείων λέξεων ἐξηγεῖται· [ὂν] ἐν ταῖς λέξεςιν ἀναγέγραπται, ὡς Ῥόδιοι ἄμβωνας
καλοῦςι τοὺς τῶν ὁρῶν λόφους καὶ καθόλου τὰς προςαναβάςεις· καὶ διὰ τούτων
φηςὶν πάλιν· ἀναγέγραπται δὲ καὶ ὡς ὁ Δημόκριτος εἴη καλῶν τῆς ἴτυος τὴν τῷ
κοίλῳ περικειμένην ὀφρὺν ἄμβην· ἔχει[ν] δὲ παρ' αὐτῷ καὶ οὕτως· ἀναγέγραπται δὲ
35 ὁμοίως· ἄμβων τῆς λοπάδος τὸ περικείμενον χεῖλος. Ἀριςτοφάνης· ὁ πολλῶν

1 τοιουτως: corr. Dtz    3 f. αὐτῆς    4 f. εἰ προεξεπεφεύγει   ἐπινοουμένην: correxi    7 κλή-
μακος δὲ: supplevi coll. p. 33, 6    11 τοιήδε    12 τῶ    13 δήπχοι   ἐλάςςω    14 ὑπερέχουςα    15 περι-
φερέως   μέρη    17 ὑποτηθέμενον    τενίη μαλακη    18 κατακεκολλείςθω ἀκρωθεν τω ξυλω    εἰ    20 τῶ
Εὔλον κατατείνοντα    23 ἐςοτάτω    26 εἰ    28 τῶ ἄλλω    29 τῶ ἄλλω    30 βαχχιος: corr. Dtz   supplevi
31 deleri vocem dittographia natam    ὡς ὅτι: corr. coll. Erotian. p. 53, 6 sq. Klein    ἄμβωνας    32 f. διὰ
τῶν αὐτῶν    34 ἔχειν: 'f ἔχει' Dtz    35 Ἀριςτοφάνης: immo Eupolis, v. FCG II, 440; V, 34; f. ὦ πολλῶν

λοπάδων τοὺς ἄμβωνας περιλείξας. ταῦτα κομιζόμεν⟨ος τ⟩ὰ μαρτύρια παντελῶς ἐστιν εὐήθης κεχωρισμένα τῆς ἀπὸ τῶν cυμβαινόντων χρείας. ἔδει δὲ ἱστορηκότα τοῦτο κατακεχωρικέναι, ὅτι Κῷοι τοὺς τῶν κλιμάκων ἀναβαθμοὺς ἄμβωνας καλοῦσιν, ὥστ᾽ εἰρῆcθαι τὴν ἐν τῷ Ξύλῳ ὑπεροχὴν τοιαύτην εἶναι, ὁμοίαν ἀναβαθμῷ εἰς τὸ βάθος ἐκκοπὴν ἔχουσαν· πᾶν τε τὸ μὴ κατ᾽ εὐθὺ φέρον ἐν τῷ βάθει, ἀλλὰ πρὸς τὸ κάτω εἶναι νενευκὸς τρῆμα καλοῦcιν οἱ ἐργάται 5 ὑπαμβές. πλὴν ταῦτα μὲν παρῆτον νῦν. cαφέcτερον γὰρ Ἱπποκράτης διὰ τῶν προκειμένων περὶ τῆς τοῦ Ξύλου κατασκευῆς καὶ χρήσεως ὑπογέγραφεν. ἡ δ᾽ ἐμβολὴ γένοιτ᾽ ἂν οὕτως.

(TABVLA VII)

Ἔτι δὲ πρὸς τὸ προκείμενον τοιαῦτά τινα προσεπιλέγει (IV 90 L)· οὗτος ὁ τρόπος παρὰ πολὺ κράτιστος ἐμβολῆς ὤμου· δικαιότατα μὲν γὰρ μοχλεύει, ἢν 10 μοῦνον ἐcωτέρω ἔῃ τὸ Ξύλον τῆς κεφαλῆς τοῦ βραχίονος· δικαιόταται δὲ αἱ ἀντίρροπαι, ἀcφαλέες δὲ τῷ ὀcτέῳ τοῦ βραχίονος. τὰ μὲν οὖν νεαρὰ ἐμπίπτει θᾶccον ἢ ὥς ἄν τις οἴοιτο πρὶν ἢ καὶ κατατετάcθαι δοκεῖν. ἀτὰρ καὶ τὰ παλαιὰ μόνον αὕτη τῶν ἐμβολέων οἴη τ᾽ ἐμβιβάcαι, ἢν μὴ ἤδη ὑπὸ χρόνου cὰρξ μὲν ἐπελήλυθῃ ἐπὶ τὴν κοτύλην, ἡ δὲ κεφαλὴ τοῦ βραχίονος ἤδη τρίβον ἑωυτῇ ἢ 15 πεποιημένη ἐν τῷ χωρίῳ, ἵνα ἐξεκλίθη. οὐ μὴν ἀλλ᾽ ἐμβάλλειν γάρ μοι δοκεῖ καὶ οὕτως πεπαλαιωμένον βραχίονα. τί γὰρ ἂν δικαίη μόχλευcις οὐ κινήcειεν; μένειν μέντοι οὐκ ἄν μοι δοκέοι κατὰ χώρην, ἀλλ᾽ ὀλιcθάνειν εἰς τὸ ἔcω. οὐ μόνον δὲ τῇ ὑπὲρ τὸν cτρωτῆρα τῆς χειρὸς ὑπερθέcει cυγχρῆcθαι διείληφεν, ἀλλὰ καὶ ἐφ᾽ ἑκατέρων τῶν παρατυχόντων, οἶον εὐθέως ὑποτέταχεν ἐπὶ τοῦ κλιμακίου λέγων οὕτως 20 (IV 92 L)· τὸ αὐτὸ δὲ ποιεῖ καὶ περὶ κλιμακτῆρα καταναγκάζειν τὸν τρόπον τοῦτον cκευάcαντα. τὴν δὲ τούτου καταγραφὴν παρήcομαι διὰ τὸ καὶ ἐν τοῖς προεκκειμένοις διαcαφεῖcθαι. τὰ δὲ ἑξῆς οὕτως ὑπογέγραφεν (IV 92 L)· πάνυ μὴν ἱκανῶς ἔχει καὶ περὶ μέγα ἔδος Θεccαλικὸν ἀναγκάζειν [ὂν] νεαρὸν τὸ ὀλίcθημα. ἐcκευάcθαι μὲν γὰρ χρὴ τὸ Ξύλον οὕτως ὥςπερ εἴρηται, ἀτὰρ τὸν ἄνθρωπον καθίcαι 25 πλάγιον ἐπὶ τῷ δίφρῳ καὶ ἔπειτα τὸν βραχίονα cὺν τῷ Ξύλῳ ὑπερβάλλειν ὑπὲρ τοῦ ἀνακλιcμοῦ καὶ ἐπὶ μὲν θάτερα τὸ cῶμα καταναγκάζειν, ἐπὶ δὲ θάτερα τὸν

---

3 sq. Erotianus p. 53 Klein: ὁ δὲ Κιτιεὺς Ἀπολλώνιος ἐν τῷ περὶ ἄρθρων cιγματοειδῆ ἐκκοπὴν (sc. τὴν ἄμβην φηcίν). Hinc emendatio petenda.

---

1 περιλείψας: corr. Dtz  κομιζομενα: corr. Brinkmann  2 ευήθης: εὔήθως Dtz  κ. τ. ἀ. τ. c. χρ. i. e. aliena ab eo sermonis usu, qui ab eis, quae vulgo accidunt, proficiscitur  5 καλεῖcθαι: καλοῦcιν Dtz; f. καλ⟨οῦcιν ....⟩ καλεῖcθαι· ὥcτ᾽ εἰρῆcθαι ὡcτηρεῖcθαι: corr. Dtz  5 τε: 'f. δὲ' Dtz  φέρων: corr. Dtz  5 f. πρὸς τῷ κάτω ἱέναι ⟨καὶ⟩ νενευκὸς  νενευκοcτρίμα: corr. Dtz  ὑπαμβὲc restituendam est ex libris Philoni mech. syst. p. 65, 8 Th.  6 f. πάρεργον νῦν  παρ᾽ ἱπποκρατη: correxi  9 τῶ  προcεπιλέγειν: corr. Dtz  οὕτως  10 μοχλεύειν ἢν μόναο  ἢν  12 ἀcφαλεc δε τω οcτεον  ἐμπίπτη  13 παλεὰ  14 ἐνβιβάcαι  εἴ  16 χοριω  17 δίκαια μοχλεύcης  κινηcιεν  18 δοκεη  19 ὑπὲρ τὸν cτρατῆρα  cυνχρειcθαι: corr. Dtz  f. ἐφ᾽ ἑτέρων  20 κλημακίου  21 τὼ αὐτῶ δὲ  κλημακτῆρα  23 f. προκειμένοιc διαcεcαφῆcθαι  πᾶν ου μὴν  24 ἀναγκαζειν ὂν νεαρὸν τὼ ὀλήcθημα  25 τὼ Ξύλον  καθηcαι  26 ἔπιτα  27 τὼ cῶμα

βραχίονα cùν τῷ ξύλψ. ἡ δὲ ἐμβολὴ γένοιτ' ἂν οὕτωc. ἡ ἐπὶ θάτερα κατοχὴ παραλέ-
λειπται. ἔcται οὖν περιτρωπὴ καὶ ἡ χεὶρ ἀφέcτηκεν ἀπὸ τοῦ ἀγκῶνοc.

(TABVLA VIII)

Τὸν δ' αὐτὸν τρόπον καὶ οὕτωc γίνεcθαι cεcήμαγκεν (IV 92 sq. L)· τὸ αὐτὸ δὲ
5 ποιεῖ καὶ ὑπὲρ δικλίδοc θύρηc ἀναγκάζειν. χρῆcθαι δὲ χρὴ ἀεὶ τούτοιc ἃ ἂν
τύχῃ παρεόντα. ὁ μὲν αὐτὸc τρόποc ἐcτὶν τῆc ἐμβολῆc ὁ διὰ τοῦ ξύλου γινόμενοc
τοῦ τὴν ἄμβην ἔχοντοc. ἡ δέ γε πεῖρα [τὰ] πλεονάcε⟨ι⟩ τοῖc τοιούτοιc ὑποδείγμαcιν τοῖc πρὸc
τὴν ὑπέρθεcιν τῆc χειρὸc εὐθέτοιc χάριν τοῦ τοῖc παραπίπτουcιν ἐκ τοῦ καιροῦ cυγχρω-
μένουc ῥᾳδίωc ἐπιτελεῖν τὸ προκείμενον. καθόλου δ' ἐπὶ τῆc τοῦ ὤμου ἐμβολῆc προνοητέον
10 καθάπερ διέcταλται καὶ ἐπὶ τῶν λοιπῶν, ⟨ἐπὶ⟩ μὲν τῶν ἐντιθεμένων εἰc τὴν μαcχάλην ἐκπληρώ-
cεωc χάριν ⟨ὡc .....⟩ καὶ ἐπὶ τοῦ ξύλου δέ, ὡc ἐcωτάτω καὶ μεταξὺ τεθήcεται τῆc κεφαλῆc
τοῦ ὤμου καὶ τῶν πλευρῶν [καὶ], ὅπωc ἂν ἡ ⟨ἐν⟩ αὐτῷ ὑπεροχὴ μὴ πρὸc τὰc πλευράc,
ἀλλὰ πρὸc τὸν ὦμον ἐντὸc ἐπιcτρέφηται· οὕτω γὰρ τοῦ ξύλου τεθέντοc καὶ ἐπίβαcιν ἐπὶ τὴν
ἐξοχὴν αὐτοῦ τῆc τοῦ ὤμου κεφαλῆc ποιηcαμένηc εὐχερὴc εἰc τὸ κατὰ φύcιν ἀπο⟨κατά⟩cταcιc
15 ἔcται. καταρτίζεται δὲ ὦμοc ὑπὲρ τῆc δικλίδοc θύραc τὸν τρόπον τοῦτον.

(TABVLA IX)

Ἐπὶ πᾶcι δὲ τοῖc προδιηριθμημένοιc τὰ τοιαῦτα ἐπέζευξεν (IV 94 L)· εἰδέναι μὲν
οὖν χρὴ ὅτι φύcιεc φυcίων μέγα διαφέρουcιν ἐc τὸ ῥηϊδίωc ἐμπίπτειν τὰ ἐκ-
πίπτοντα. ἀναγκαῖον γάρ ἐcτιν τῷ μέλλοντι κατὰ τρόπον τῶν ἄρθρων καταρτιcμὸν
20 ποιεῖcθαι τὴν περὶ ἑκάcτου ὑπάρχουcαν διαφορὰν φύcει, ἕξει, ἡλικίᾳ προcλαμβάνεcθαι, ἵνα μή,
ἐπὶ πάντων μιᾷ καὶ τῇ αὐτῇ ἀνάγκῃ χρώμενοc, καὶ ἐφ' ὧν μὴ ⟨δεῖ⟩ διαβι[β]άζηται οἷον ἐπὶ νηπίων
τε καὶ ἀcθενῶν καὶ τῶν φύcει καὶ ἕξει ῥᾳδίωc δυναμένων καταρτιcθῆναι, ἢ πάλιν ἐπί τινων
διὰ νεύρων ⟨.....⟩ ἢ ἕξεωc cκληρότητα μὴ εὐχερῶc κατακρατουμένων ἀφίcταται τοῦ προκειμένου,
προcάγῃ δὲ τὰc βιαcτικωτέραc ἀνάγκαc. ἑξῆc δὲ τὴν ἐν τῇ φύcει καὶ ἕξει διαφορὰν οὕτωc
25 ὑπογέγραφεν (IV 94 L)· διενέγκαι μὲν γὰρ ἂν τι καὶ κοτύλη κοτύληc, ἡ μὲν εὐ-
υπέρβατοc ἐοῦcα, ἡ δὲ καὶ ἧccον. πλεῖcτον δὲ διαφέρει τῶν νεύρων ὁ ἔνδεcμοc.
τοῖc μὲν ἐπιδόcειc ἔχων, τοῖc δὲ cυνδεδεμένοc. καὶ γὰρ ἡ ὑγρότηc τοῖc ἀνθρώ-
ποιc γίγνεται ἡ ἐκ τῶν ἄρθρων διὰ τὴν τῶν νεύρων ἀπάρτιcιν, ἣν χαλαρά τε ἢ
φύcει καὶ ἐπιτάcειc εὐφόρωc φέρῃ. cυχνοὺc γὰρ ἄν τιc ἴδοι, οἳ οὕτωc ὑγροί
30 εἰcιν, ὥcτε, ὁπόταν ⟨ἐθέλωcι⟩, ἐξίcταται ἀνωδύνωc καὶ καθίcταται ἀνωδύνωc.
διαφέρει μέντοι τι καὶ ἕξιc cώματοc. τοῖc μὲν γὰρ εὖ ἔχουcι τὸ γυῖον καὶ cεcαρ-
κωμένοιc ἐκπίπτει ἧccον ἐμπίπτει τε χαλεπώτερον. ὅταν ⟨δὲ⟩ αὐτοὶ cφῶν ἑαυ-
τῶν λεπτοὶ καὶ ἄcαρκοι ἕωcιν. τότε ἐκπίπτει μᾶλλον, ἐμπίπτει τε ῥᾳ[δι]ον.

1 ἡ ἐπὶ κτἑ: 'haec verba ad picturam spectant' Dtz    2 περιτρωπὴ: περιτροπὴ Dtz    4 γενεcθαι:
correxi    τῷ αὐτῷ    5 δικλειδοc θυριc    7 πειραταπλεονάcε τοιc: correxi; πεῖρα ἐπλεόναcε Dtz    ὑποδιγ
μαcιν    8 παραπηπτουcιν    cυγχρομένοιc ῥαδειωc: corr. Dtz    10 λυπῶν: corr. Dtz    ⟨ἐπὶ⟩ addidi
11 suppleverim: ⟨ὡc ἐcωτάτω καὶ ὡc μάλιcτα πρὸc τῶν πλευρῶν κεῖcεται⟩ coll. p. 6, 9 sq.    12 [καὶ] seclusi
ἡ αὐτῷ: αὐτοῦ Dtz; ego ⟨ἐν⟩ addidi coll. p. 7, 3    17 ἐπιπλοιc: corr. Brinkmann; ἐπὶ πλέον Dtz
18 εἰc    20 ἡλικιη: corr. Dtz    21 χρόμενοc: corr. Dtz    ⟨δεῖ⟩ add. Brinkmann; διαβι[β]άζηται R. Schoene
22 ἐπεὶ: corr. Dtz    23 lacunam indicavi    24 προc ἀγει    28 ἀπάρτηcιν    ἡ φυcικη επιταcιc
32 χαλεπότερον    33 λεπτοὶ καὶ ἄcαρκοι    ῥαδιον

Περὶ μὲν οὖν ὤμου καταρτισμοῦ ταῦθ᾽ ὑπογέγραφεν· περὶ δὲ τῆς σημειώσεως οὕτως
διασαφεῖ (IV 102 L)· γιγνώσκειν δὲ εἰ ἐκπέπτωκεν ὁ βραχίων τοῖσδε χρὴ τοῖς
σημείοις· τοῦτο[ις] μὲν ἐπειδὴ δίκαιον ἔχουσι τὸ σῶμα οἱ ἄνθρωποι καὶ τὰς χεῖρας
καὶ τὰ σκέλη, παραδείγματι χρῆσθαι χρὴ τῷ ὑγιεῖ πρὸς τὸ ⟨μὴ⟩ ὑγιές, μὴ
τὰ ἀλλότρια ἄρθρα καθορῶντα, ἄλλοι γὰρ ἄλλως ἔξαρθροι πεφύκασιν, ἀλλὰ 5
αὐτοῦ τοῦ κάμνοντος ἦν ἀνόμοιον ἢ τὸ ὑγιὲς τῷ μὴ ὑγιεῖ. εἶτεν μετά τινας
ἀριθμοὺς τὰ παρακολουθοῦντα σημεῖα διὰ τούτων ἐκτέθειται (IV 104 L)· ἀτὰρ τοῦτο μὲν
ἐν τῇ μασχάλῃ ἡ κεφαλὴ τοῦ βραχίονος φαίνεται ἐγκειμένη πολλῷ μᾶλλον τοῦ
ἐκπεπτωκότος ἢ τοῦ ὑγιέος, τοῦτο δὲ ἄνωθεν κατὰ τὴν ἐπωμίδα κοῖλον φαί-
νεται τὸ χωρίον καὶ τοῦ ἀκρωμίου τὸ ὀστέον ἔξοχον φαίνεται, ἅτε ὑποδεδω- 10
κότος τοῦ κάτω χωρίου. παρασύνεσιν μὲν καὶ ἐν τούτῳ ἔχει[ν] τινά, ἀλλὰ ὕστε-
ρον περὶ αὐτοῦ γέγραπται· ἄξιον γὰρ γραφῆς ἐστι. τοῦ δὲ ἐκπεπτωκότος
ὁ ἀγκὼν φαίνεται ἀφεστεὼς μᾶλλον ἀπὸ τῶν πλευρέων ἢ τοῦ ἑτέρου. εἰ
μέντοι τις προσαναγκάζοι, προσάγεται, ἐπιπόνως δέ. τοῦτο ⟨δὲ⟩ ἄνω τὴν χεῖρα
ἀείραι εὐθεῖαν παρὰ τὸ οὖς ἐκτεταμένου τοῦ ἀγκῶνος οὐ μᾶλλον δύνανται 15
ὥσπερ τὴν ὑγιέα, οὐδὲ παράγειν ἔνθα καὶ ἔνθα ὁμοίως. τά τε οὖν σημεῖα
ταῦτ᾽ ἐστιν ὤμου ἐκπεπτωκότος αἵ τε ἐμβολαὶ αἱ ἐγγεγραμμέναι.

Ταῦτ᾽ ἐστιν ὅσα ποτε περὶ ὤμου καταρτισμοῦ παρ᾽ Ἱπποκράτει διασαφεῖ⟨ται⟩ δυνά-
μενα ῥᾳδίως καὶ ὑπὸ τῶν κατὰ τὸ πλεῖστον ἐν παλαίστρᾳ διατριβόντων κρατηθῆναι.
ἀναγκαῖον οὖν καὶ σοὶ πρὸς τὰ συμβαίνοντα γιγνώσκεσθαι. ἐὰν δὲ καὶ τὸν τῶν λοιπῶν 20
ἄρθρων καταρτισμὸν ὃν τρόπον δεῖ ποιεῖσθαι κατὰ τὸν ἰατρὸν προαιρῇ μεταλαμβάνειν καὶ
τὸ ὑπ᾽ αὐτοῦ πρώτως ἐπινοηθὲν πρὸς ταῦτα ὄργανον εἰδῆσαι σπεύδῃς, μετὰ τῆς ἐνδεχο-
μένης ἀκριβείας ἀναγραφὲν δοθήσεταί σοι.

# ΑΠΟΛΛΩΝΙΟΥ ΚΙΤΙΕΩΣ

## ΤΗΣ ΠΕΡΙ ΑΡΘΡΩΝ ΠΡΑΓΜΑΤΕΙΑΣ   25

### ⟨ΤΟ ΔΕΥΤΕΡΟΝ⟩

Ἐν μὲν τῷ πρὸ τούτου βιβλίῳ, βασιλεῦ Πτολεμαῖε, περὶ ὤμου καθ᾽ Ἱπποκρά-
την ἐμβολῆς δεδηλώκαμεν, ἐν δὲ τούτῳ περί τε ἀγκῶνος καὶ καρποῦ καὶ σφονδύλων, ὃν

---

2 ἡ ἐκπεπτοκεν   3 τούτοις μεν   4 χρεισθαι χρὴ τῶ ὑγιεῖ προς τω ὑγιες   5 πεφοίκασιν
7 ἐκτέθηται   8 φένεται   9 ἐκπεπτοκοτος   ἐπωμηδα   9 et 10 φένεται   10 ὑποδεδωκοτος τοῦ
κατωχωριου   12 ἔχειν   γέγραπται   13 τοῦ δὲ ἐκπεπτοκοτος   14 ἦν μέντοι   προσάγεται ἐπιπονως
δὲ τούτω ἄνω   15 ἀείραι   μᾶλλον   16 ὑγιεια   17 ἐκπεπτοκοτος   ἐγγετραμμεναι   18 ιπποκρατη
διασαφει δυναμενα: correxi   20 f. ⟨ταυτα⟩ γιγνώσκεσθα   τῶν λυπῶν: corr. Dtz   21 δὴ: corr. Dtz
τῶ ὑπ᾽ αὐτοῦ πρωτος: corr. Dtz   22 προς ταυτη: corr. Dtz   ἤδησαι: corr. Dtz

APOLLONIUS.   2

τρόπον ὁ προειρημένος ἰατρὸς τάς τε cημειώcειc αὐτῶν καὶ τοὺc καταρτιcμοὺc ποιεῖcθαι παρακελεύεται, διαcαφήcω. πρότερον δὲ τὰc λέξειc αὐτοῦ καταχωριῶ, εἶτ' εἰρομένωc τὸν τῶν ἐμβολῶν τρόπον δι' αὐτῶν τῶν ὑποδειγμάτων ὑποτάξω πρὸc τὸ καθάπερ καὶ ἐν τοῖc πρότερον καὶ ἐν τούτοιc εὐπαρακολούθητα cοι γενέcθαι τήν τε περὶ ἄρθρων θεωρίαν, οὐκ
5 ἀνωφελῆ καθεcτῶcαν, μὴ ἀτελείωτον φιλιατροῦντί cοι παραδοθῆναι. οὐκ ἀγνοῶ δὲ διότι τὰ διὰ χειρουργίαc ἐνεργούμενα δυcκόλωc διὰ λόγου καταλαμβάνεcθαι δύναται· ὅθεν ἐάν τινα μὴ cαφῆ cοι γίνηται, μὴ ἡμᾶc, ἀλλὰ τὴν τοῦ πράγματοc αἰτιῶ φύcιν. τὸ[υ] μὲν γὰρ ὑποδείγματοc ἔχει τρόπον ἐπὶ τὴν χρείαν μεταγόμενον, τὸ δ' ἁπάντων τῶν cυμβαινόντων ἐναργῆ τὴν κατάληψιν ἐγχειρί⟨ζει⟩. οὐ μὴν ἀλλὰ καὶ καθ' ὅcον ἂν ἡ δυνατὸν διὰ τούτων cαφῆ cοι
10 καταcταθήcεται.

Ἐχομένωc τοίνυν ὁ Ἱπποκράτηc ἐν τῷ περὶ ἄρθρων βιβλίῳ περί τε ἐξαρθρήcεων καὶ παραρθρήcεων ἀγκῶνοc καὶ τούτων καταρτιcμοῦ μνημονεύων, οὐδαμῶc κατὰ πόcουc τρόπουc cυμβαίνουcιν εὐcήμωc τέταχεν· ἀλλὰ τοί γε διὰ τῶν κατὰ μέροc λόγων ποιήcω τοῦτο φανερόν, διότι παραρθρεῖ μὲν ἀγκὼν διχῶc, ἐξαρθρεῖ δὲ κατὰ τέccαραc τρόπουc. τοῦ γὰρ
15 λεγομένου πήχεοc ἐξ ὀcτῶν δύο cυνεcτῶτοc τὸ μὲν ἐντὸc αὐτῶν προcήρτηται τῷ βραχίονι νενευκὸc εἰc τὸν ἐκτὸc μᾶλλον τόπον, ὃ δὴ κερκὶc καλεῖται· τὸ δὲ ἔξω ἐπιβέβηκεν τῷ κοίλῳ τοῦ βραχίονοc, λεγόμενον δὲ κορωνὸν καὶ ὀξὺ τοῦ ἀγκῶνοc ὑφ' ἑκατέρων τῶν ὑπεροχῶν cυνέχεται τῆc τε ἔcω τοῦ ἀγκῶνοc, ἀφ' ἧc τὸν πῆχυν μετρεῖν εἰώθαμεν, καὶ τῆc ἔξω καταληγούcηc ἀπὸ τοῦ βραχίονοc. τούτων οὖν τῶν ὀcτῶν ὃ δὴ κερκὶc καλεῖται, πεφυκὸc ἐντόc,
20 παραρθρεῖ μόνον, νεῦον ἢ πρὸc πλευρὰc ἢ εἰc τὸ ἐκτὸc μέροc. δηλοῖ δὲ περὶ αὐτοῦ τὸν τρόπον τοῦτον (IV 130 L)· ἀγκῶνοc ἄρθρον παραλλάccομεν ἢ πρὸc πλευρὴν ἢ ἔξω, μένοντοc τοῦ ὀξέοc τοῦ ἐν τῷ κοίλῳ τοῦ βραχίονοc. τοὺc μὲν οὖν τούτων cχηματιcμοὺc ὑπογράφειν παρήcω· οὐ γὰρ ἂν δύναιντο, ἁπλῆc τῆc τάcεωc αὐτῶν γινομένηc, καταληφθῆναι. αἱ δὲ παραρθήcειc ἔκδηλοι γίνονται τὰ μὲν εἰc τὸ ἐντόc, τὰ δὲ εἰc τὸ
25 ἐκτόc, πολύτροπον ἔχοντοc τοῦ ἄρθρου διαcτρεφομένου τε καὶ νεύοντοc τοῦ μορίου ὀτὲ μὲν εἰc τὸ ἔξω, ὀτὲ δὲ εἰc τὸ ἔcω μέροc, ἃ δὴ οὕτωc διὰ τῶν ἐξῆc καταρτίζειν παρακελεύεται (IV 130 L)· ἐc εὐθὺ κατατείνοντα[ι] τὰ ἐξέχοντα ἀπωθεῖν ὀπίcω καὶ εἰc τὸ πλάγιον. ἡ γὰρ εἰc εὐθὺ τάcιc ἀπο⟨κατά⟩cταcιν τῶν ἄρθρων ποιεῖ, ὥcτε ῥᾳδίωc εἰc τὴν κατὰ φύcιν χώραν τὸ ἄρθρον παραγίνεcθαι· ἐάν τε οὖν εἰc τὸ πρὸc τὰc πλευρὰc μέροc ἐάν τε
30 ἔξω παραρθήcῃ, χρηcτέον τῇ κατ' εὐθὺ τάcει καὶ τὸ μὲν ἔcω νενευκὸc βιάζεcθαι μετὰ cυμμέτρου κάμψεωc καὶ τῆc εἰc τὸ ὕπτιον τῆc χειρὸc ἀναcτροφῆc, ἐπὶ τὸ τοῦ ἀγκῶνοc πλάγιόν τε καὶ βάθοc ἐπερείδοντα ἢ χειρὶ ἢ δακτύλοιc, τὸ δὲ εἰc τὸν ἔξω τόπον ἐκκεκλικὸc εἴcω βιάζεcθαι τὸ τῆc χειρὸc θέναρ προcβάλλοντα ἐκ πλαγίου τοῦ ὀξέοc τοῦ[τ'] ἀγκῶνοc, ἅμα καὶ τὴν τῆc χειρὸc ἐπιcτροφὴν ἐπὶ τὸ πρηνὲc ποιουμένουc.

2 εἶθ' ἐρρωμένωc: correxi; ἐχομένωc Dtz   5 δὲ δεῖ ὅτι: corr. Brinkmann   6 χηρουργίαc
7 γίνεται   του μεν: corr. Dtz   8 μεταγώμενον   ἀπαντῶν: ἀπ' αὐτῶν Dtz   9 ἐν χειρί: ἐγχειρί⟨ζει⟩ Brinkmann   [καὶ] Brinkmann   12 παραρθηcηcειν   13 τοι: 'fort. coi' Dtz   14 κατὰ ὃ τρόπουc   15 πήχεοc   17 κωρονον: corr. Dtz   καὶ ὀξὺ: f. κατὰ τὸ ὀξὺ   21 παραλλάξομεν   22 ὀξέωc   25 πολύτροπον: 'excidit κίνηcιν sive χρείαν' Dtz; πόλου τρόπον Brinkmann dubitanter   26 καταγγίζειν: 'idem quod καταρτίζειν' Dtz sine exemplo; correxi   27 ἐc εὐθὺ   28 ἀπόcταcιν: correxi   29 παραγενέcθαι: correxi   33 ὀξέωc τουτ' ἀγκῶνοc: corr. Dtz

Περὶ μὲν οὖν τῆς τοῦ ἀγκῶνος παραρθρήσεως οὕτως διασαφεῖ· περὶ δὲ τῆς ὁλοσχε-
ρεστέρας ἐξαρθρήσεως τὸν τρόπον τοῦτον μέμνηται (IV 130 L)· τὰ δὲ τελέως ἐκβάντα
ἔνθα ἢ ἔνθα· ἡ κατάτασις μὲν ἐν ᾗ ὁ βραχίων ἐπιδεῖται. αὗταί εἰσιν ὁλοσχερεῖς
δύο [εἰσιν] ἐξαρθρήσεις ἀγκῶνος, ἡ μὲν ἔσω νεύουσα, ἡ δὲ εἰς τὸ ἔξω μέρος. μνημονεύει δὲ
διὰ τῶν ἑξῆς ἔτι καὶ ἄλλων δύο ἐξαρθρήσεων, τῆς μὲν ἔμπροσθεν, τῆς δὲ εἰς τοὐπίσω γινο-    5
μένης. οὔτε δὲ περὶ αὐτῶν οὔτε περὶ τοῦ καταρτισμοῦ κατὰ τὸν εἰρημένον μέμνηται λόγον·
ὅθεν περὶ τῶν προκειμένων πρότερον ἐκθήσομαι, ὃν τρόπον τὰς ἐμβολὰς ποιεῖσθαι παρα-
κελεύεται. μετὰ πλείονας δὲ ἀριθμοὺς οὕτως φησίν (IV 134 L)· ἀγκὼν δὲ ἢν μὲν ἔσω
ἢ ἔξω ⟨ἐκβῇ⟩, κατάτασις μὲν ἐν σχήματι ἐγγωνίῳ τῷ πήχει πρὸς βραχίονα·
μασχάλην ἀναλαβόντα ταινίῃ ἀνακρεμάσαι, ἀγκωναρὴν δὲ μῆκρω ὑποθεὶς παρὰ δὲ    10
τὸ ἄρθρον βάρος ἐκκρεμάσαι ἢ χερσὶ καταναγκάζειν. ὑπεραιωρηθέντος δὲ τοῦ
ἄρθρου αἱ παραγωγαὶ τοῖς θέναρσιν ὡς τὰς ἐν χερσίν. ἐπιδέσεις ἐν τούτῳ τῷ
σχήματι καὶ ἀναλήψεις καὶ θέσεις. ἐπὶ τούτῳ οὐκέτι τὴν ἐπ' εὐθείας προκρίνει τάσιν,
ἀλλὰ τὴν ἐγγώνιον πρὸς βραχίονα τοῦ ἀγκῶνος εἰς τὸ κάτω κατάτασιν, ὃν τρόπον καὶ
κατεαγὼς ὁ βραχίων τείνεταί τε καὶ ἐπιδεῖται. ἡ δὲ μετὰ τὴν κατάτασιν διόρθωσις καὶ ὁ    15
καταρτισμὸς [ἐ]γίνοιντ' ἂν ταῖς χερσὶν εἰς τὸ ἐναντίον, ὃν τρόπον διὰ τῶν ἔμπροσθεν δεδή-
λωκα. πλὴν καὶ ὁ Ἱπποκράτης οὕτως περὶ αὐτῶν διασαφεῖ (IV 132 L)· τὰς δὲ κατορ-
θώσιας ἀπάγοντα ἐπὶ πλεῖον, ὡς μὴ ψαύῃ τῆς κορώνης ἡ κεφαλή, μετέωρον
περιάγει⟨ν⟩ καὶ περικάμψαι καὶ ⟨μὴ⟩ ἐς εὐθὺ βιάζεσθαι· ἅμα δὲ ὠθεῖν τἀναντία
ἑκατέραν καὶ παρωθεῖν εἰς χώρην. συνωφελοίη δ' ἂν ἐπίστρεψις ἀγκῶνος ἐν    20
τούτοις, ἐν τῷ μὲν εἰς τὸ ὕπτιον, ἐν τῷ δὲ εἰς τὸ πρηνές. ὁ δὲ τῆς ἐμβολῆς
τρόπος οὕτως ἂν δι' ὑποδείγματος γένοιτο.

(TABVLA X)

Περὶ δὲ τῶν ἄλλων τῶν τῆς ἐξαρθρήσεως τρόπων οὕτως μέμνηται (IV 132 L)· ἐμ-
βολαὶ δὲ τοῦ μὲν ὀπίσω ἐκτείναντας κατατεῖναι· σημεῖον δέ· οὐ γὰρ δύνανται    25
⟨ἐκτείνειν· τοῦ δὲ ἔμπροσθεν, οὐ δύνανται⟩ συγκάμπτειν· τοῦτο δὲ, ἐνθέντα τι
συνειλιγμένον σκληρὸν περὶ τοῦτο συγκάμψαι ἐξ ἐκτάσεως ἐξαίφνης. διαστάσεως
δὲ ὀστέων σημεῖον κατὰ τὴν φλέβα τὴν κατὰ βραχίονα σχιζομένην διαψαύοντι.
ταῦτα δὲ ταχέως διαπωροῦται (IV 134 L)· τὰ δὲ ὄπισθεν ἐξαίφνης ἐκτείναντα
διορθοῦν τοῖς θέναρσιν. τὴν μὲν οὖν εἰς τοὐπίσω τοῦ ἀγκῶνος ἐξάρθρησιν οὐκ ἀναγκαῖον    30
διὰ τῶν ὑποδειγμάτων ὑπογράφειν — ἐκ γὰρ τῆς ⟨διὰ τῆς⟩ παρὰ φύσιν γεγενημένης κάμψεως
μεταστάσεως ἔκτασιν περιέχει μόνον καὶ τῶν ὄπισθεν ⟨διὰ⟩ τῆς χειρὸς καταρτισμόν — τὴν

---

2 τελέως ἐκβάντα ἔνθα    3 αὗται εἰσιν ὁλοσχερεῖς δύο εισιν ἐξαρθρήσεις: correxi    7 ἐκθησωμαι
8 ἔσω ἢ ἔξω κατάτασις    10 τινὰ ἀνακρεμάσαι    ἀγκωναρὴν δὲ μῆκρω ὑποθεὶς παρὰ δὲ τὸ ἄρθρον
11 ὑπερεωρηθέντος    12 ὡς τὰς ἐν    ἐπιδεσεις    15 κατεαγὼν    γίνεται: corr. Dtz    16 ἐγί-
νοιντ' ἄν: corr. Dtz    17 καὶ supra lineam supplevit manus prima    καθάρσιας    19 περιάγει    καὶ ἐς
ᾠήθην    23 τῆς ἐξαρθρήσεων: corr. Dtz    25 ἐκτιναντας    26 τοῦτο δὲ    27 συνηλιτμένον    τούτων
ἐκτάσεως ἐξεφνης διαστάσεως    29 ἐκτιναντα    31 ὑπομνημάτων ὑπογραφην: corr. Brinkmann
⟨διὰ τῆς⟩ R. Schoene;  ⟨καὶ⟩ μεταστάσεως Brinkmann    32 καὶ τὸν: corr. et ⟨διὰ⟩ suppl. Brinkmann
2*

δὲ εἰς τὸ ἔμπροςθεν ςυμβαίνουςαν καταγράψω χάριν τοῦ δυναμένην ςυνθεωρη⟨θῆ⟩ναι παραι-
τίαν ὠφελείας γενέςθαι.   διὸ καταρτίζοιτ᾿ ἂν οὕτως.

(TABVLA XI)

Μετὰ τάδε ἑπομένως περὶ χειρὸς ἐξαρθρήςεως οὕτως διαςαφεῖ (IV 136 L)· χειρὸς
5 δὲ ἄρθρον ὀλιςθάνει ἢ[ν] εἴςω ἢ ἔξω, εἴςω δὲ τὰ πλεῖςτα.   ςημεῖα δὲ εὔςημα.   ἐμ-
βολή· ὑπὲρ τραπέζης τοὺς δακτύλους ἔχων τοὺς μὲν τείνειν, τοὺς δὲ ἀντιτεί-
νειν, τὸ δὲ ἐξέχον ἢ θέναρι ἢ πτέρνῃ ἅμα ἀπωθεῖν καὶ ὠθεῖν πρόςω κάτωθεν
κατὰ τὸ ἕτερον ὀςτέον ὄγκον μαλακὸν ὑποθείς, ἣν μὲν ἄνω, καταςτρέψας τὴν
χεῖρα, ἣν δὲ κάτω, ὑπτίην.   Ἰηςις ὀθονίῳ.   ἐπὶ τούτων τὸ ἐναντίον ςεςήμαγκε, διότι
10 ὁπότερον τῶν ὀςτέων ἐξαρθρή⟨ςαν⟩ μόνον εἰς τὸ εἴςω καὶ εἰς τὸ ⟨ἔξω⟩ παρολιςθάνει μέρος, εἰς
δὲ τὸ ἄνω ⟨καὶ⟩ εἰς τὸ κάτω τὸ τοιοῦτον οὐδαμῶς ςυμβαίνειν δύνα[ν]ται χωρὶς τῆς ἑκατέρων
ἐκκλίςεως.   ἐχομένως γε οὖν οὕτως ὑπογέγραφεν (IV 138 L)· ὅλη δὲ χεὶρ ὀλιςθάνει ἢ
εἴςω ἢ ἔξω ἢ ἔνθα ἢ ἔνθα, μάλιςτα δὲ εἴςω.   ἔςτι δ᾿ ὅτε ἡ ἐπίφυςις ἐκινήθη.
ἔςτι δ᾿ ὅτε τὸ ἕτερον τῶν ὀςτέων διέςτη.   τούτοις ἡ κατάταςις ἰςχυρὰ ποιητέη
15 καὶ τὰ μὲν ἐξέχον ἀπωθεῖν, τὸ δὲ ἕτερον ἀντωθεῖν· δύο δὲ εἴδη ἅμα ἐς τοὐπίςω
καὶ ἐς τὸ πλάγιον χερςὶν ἐπὶ τραπέζης ἢ πτέρνῃ· παλίγκοτα τάδε καὶ ἀςχήμονα.
τῷ χρόνῳ ⟨δὲ⟩ κρατύνεται.   ἢν χρήςιμον.   ὡς ἐπὶ πᾶν γὰρ καὶ μάλιςθ᾿ ἡ ὁλοςχερὴς
τῆς χειρὸς ἐξάρθρηςις οὐ δύναται καταρτιςθῆναι κατὰ τρόπον, ἀλλὰ διεςτραμμένη φαίνεται.
αἱ μὲν οὖν εἰς τὰ πλάγια παραρθρήςεις διὰ τῆς κατατάςεως καὶ τῆς εἰς τὰ ἐναντία τῶν
20 ὑπερεχόντων ἐνθλίψεως καταρτίζοιντ᾿ ἄν· αἱ δὲ ἔςω ἢ ἔξω γινόμεναι καθάπερ προυποδέ-
δειχεν· τῆς ⟨χειρὸς⟩ ἐπὶ τραπέζης κατὰ τὸ ἐναντίον τιθεμένης ἢ τῇ χειρὶ ἢ τῇ πτέρνῃ
τὰ ἐξέχοντα καταβιβαςθήςεται.   χρηςτέον δὲ τῷ τοιούτῳ τρόπῳ πρότερον.

(TABVLA XII)

Ἐὰν δὲ τὸ θέναρ ἐπερειδόντων ἡμῶν μὴ ὑπακούῃ, βιαςτέον διὰ τῆς πτέρνης, καθά-
25 περ προείρηται, χρωμένους τούτῳ τῷ τρόπῳ.

(TABVLA XIII)                                   •

Περὶ δὲ δακτύλων οὕτως ἀπεφήνατο (IV 138 L)· δακτύλου δὲ ἄρθρον ⟨ὀλιςθὸν⟩
μὲν εὔςημον.   ἐμβολὴ δὲ· κατατείναντα ἐς ἰθὺ τὸ μὲν ἐξέχον ἀπωθεῖν, τὸ δὲ
30 ἐναντίον ἀντωθεῖν.   Ἰηςις δὲ ἰςταιτι ἢ ὀθονίοιςι.   μὴ ἐμπεςὸν δὲ ἐπιπωροῦται

1 ςυνθεωρῆναι: corr. Dtz    ὠφελείαν: corr. Dtz    4 ἑπομένος: corr. Dtz    5 ὀλιςθάνη ἤν
εἴςω η ἔξω· εἴςω    πλιςτα    7 ἐξέχων ἢ θεναρη    ἀποθεῖν    8 ὑπόθες    9 ηειςις    10 ἐξαρθρη:
correxi    ⟨ἔξω⟩ supplevi    παρολιςθάνη: correxi; παρολιςθάνον Dtz    11 καὶ inseruit Dtz    οὐδαμος
ςυμβαινην δυναται: corr. Dtz    12 ἐκκλίςεως: ἐκβλήςεως Dtz; correxi    ἐχομενος    ὀλιςθάνη
13 ἐκινήθη in mg. addidit manus ea, quae imaginibus titulos adscripsit    14 ποιεῖται    15 ἀποθεῖ
ἀντωθεῖ    16 εἰς bis 15 κρατυνεται ἢν χρηςιμον    18 φενεται    19 ἐς corr· ξι    παραρθρηςις    εις
20 καταρτίζοιτ᾿ ἄν: corr. Dtz    21 χειρὸς inseruit Dtz    τὸ ἐξεχόντα corr. Dtz    22 χριςτεον
δὲ τὸ: corr. Dtz    24 ἐπερειδόντων: corr. Dtz    27 incip. fol. 197 v a: in mg. superiore ΞΙΔ;
dein περὶ δακτύλων    29 κατατειναντες ες    30 ἰςταιτι ἤ: ἢ ςταιτί Dtz; f. ἢ ταινίη

ἔξω. βραχυλόγω⟨c⟩ cφόδρα ἐν τούτοιc ἀνέcτραπται διὰ τὸ τοῦ πράγματοc εὐκαταμάθητον. οὐ μὴν ἀλλὰ καὶ Διοκλῆc τὸν τρόπον τοῦτον μέμνηται· δακτύλου μὲν ἄρθρον ἄν τε ποδὸc ἄν τε χειρὸc ἐκπέcῃ, τετραχῶc ἐκπίπτει, ἢ ἐντὸc ἢ ἐκτὸc ἢ εἰc τὰ πλάγια. ὅπωc δ' ἂν ἐκπέcῃ, ῥάδιον γνῶναι πρὸc τὸ ὁμώνυμον καὶ τὸ ὑγιὲc θεωροῦντα. ἐμβάλλειν δὲ κατατείνοντα εὐθὺ ἀπὸ χειρῶν, περιελίξαι τε ὅπωc μὴ ἐξολιcθάνῃ. δ ἀcτεῖον δὲ καὶ τὰc cαύραc, ἃc οἱ παῖδεc πλέκουcι, περιθέντα περὶ ἄκρον τὸν δάκτυλον κατατείνειν, ἐκ δὲ τοῦ ἐπὶ θάτερα ταῖc χερcίν.

### Περὶ γνάθου.

Ἑπομένωc δὲ ὁ Ἱπποκράτηc περὶ ἐξαρθρήcεωc γνάθου, τῆc δὴ cιαγόνοc ὑπό τινων λεγομένηc, διὰ τούτων κατακεχώρικεν (IV 140 L)· γνάθοc δὲ ὀλίγοιc ἤδη τελέωc ἐξήρ- 10 θρηcεν. ὀcτέον γὰρ τὸ ἀπὸ τῆc ἄνω γνάθου πεφυκὸc ὑπεζύγωται πρὸc τῷ ὑπὸ τὸ οὖc ὀcτέῳ πεφυκότι· καὶ προβὰc ἐπιλέγει (IV 142 L)· ἐκπέcοι δ' ἂν ἀπ' οὐδενὸc ἄλλου cχήματοc ἢ ἀπὸ τοῦ μέγα χανόντα μετάγειν τὴν γένυν ἐπὶ θάτερα. εἶτεν μετ' ὀλίγουc ἀριθμοὺc τά τε cημεῖα τὰ παρακολουθοῦντα καὶ τὸν καταρτιcμὸν οὕτω παρέcτακεν (IV 142 L)· περὶ οὗ οὖν ὁ λόγοc, ἐκπίπτει μὲν γνάθοc ὀλιγάκιc, ⟨cχᾶται 15 μέντοι πολλάκιc⟩ ἐν χαcμήcει. δῆλον μὲν οὖν τοῖcδε μάλιcτά ἐcτιν ὅταν ἐκπεπτώκῃ. προΐcχεται γὰρ ἡ κάτω γνάθοc εἰc τὸ ἔμπροcθεν καὶ παρήκται ἐναντία τοῦ ὀλιcθήματοc, καὶ τοῦ ὀcτέου τὸ κορωνὸν ὀγκηρὸν γίνεται παρὰ τὴν ἄνω γνάθον, καὶ χαλεπῶc cυμβάλλουcιν τὰc γνάθουc. τούτοιc ἐμβολὴ πρόδηλοc, οἵη τιc ⟨γίνοιτ' ἂν ἁρμόζουcα⟩. χρὴ γὰρ τὸν μὲν κατέχειν τὴν κεφαλήν, τὸν 20 δὲ περιλαβόντα τὴν κάτω γνάθον καὶ ἔcωθεν καὶ ἔξωθεν τοῖc δακτύλοιc κατὰ τὸ γένειον, χάcκοντοc τοῦ ἀνθρώπου, ὅcον μετρίωc δύναται, πρῶτον μὲν διακινεῖν τὴν γνάθον χρόνον τινὰ ⟨τῇ⟩ καὶ τῇ παράγοντα τῇ χειρὶ καὶ αὐτὸν τὸν ἄνθρωπον κελεύειν χαλαρὴν τὴν γνάθον cυμπαράγειν καὶ cυνδιδόναι ὡc μάλιcτα, ἔπειτα ἐξαπίνηc cπάcαι εἰc τοὐπίcω καὶ ἀναλήψει γενείου τριcὶν ὁμοῦ cχήμαcιν 25 προcέχοντα τὸν νοῦν. δεῖ μὲν γὰρ παρατενέcθαι ἐκ τῆc διαcτροφῆc εἰc τὴν φύcιν, ⟨δεῖ δὲ ἐc τοὐπίcω ἀπωcθῆναι τὴν γνάθον τὴν κάτω, δεῖ δὲ⟩ ἑπόμενον τούτοιc καὶ cυμβάλλειν τὰc γνάθουc καὶ μὴ χάcκειν. ἐμβολὴ μὲν οὖν αὕτη, καὶ οὐκ ἂν γένοιτο ἀπ' ἄλλων cχημάτων. καὶ οὕτωc πάλιν (IV 144 L)· ἀcφα-

2 sq. Haec sumpta esse ex libro περὶ ἐπιδέcμων a Diocle Carystio conscripto evincitur collatis eis, quae Galenus t. XVIII A p. 519 Kuehn habet. Adde hos duos locos fragmentis Dioclis a Kuehnio congestis Opusculorum academicorum II p. 86—127.

1 βραχυλόγω cφοδρῶ: corr. Brinkmann    2 f. τοῦ τρόπου τούτου    3 ἐκπίπτη    4 καὶ τοῦ ὑγιὲc    5 κατατείνοντι: correxi    περιελίξαc: correxi; 'f. κατατείνοντα — περιελίξαντα' Dtz    6 ἀcτέον: correxi; ἰcτέον Dtz    cιρac: correxi coll. Hippocr. IV 319 sq., quo loco Diocles usus est.    cαύρα ligamenti nomen a similitudine bestiolae ductum    6 ἄκρον τῶν δακτύλων: corr. Brinkmann    9 in mg. siniatra: CIE περὶ γνάθου    ἑπόμενοc: corr. Dtz    ἐξαρθρίcεωc    δὴ ex δι fecit m. 1    11 ἀπεζύγωται    ὑπο του οὖc    15 ἐκπίπτη    16 δῆλοc    19 χαλεποc    προεηλωc    21 δακτυλοιc    22 γενιον    23 καὶ τι    25 ἐξαπεινηc    28 χάcκην

λέcτερον δὲ χειρουργεῖν ἐcτιν ὕπτιον κατακλίνοντα τὸν ἄνθρωπον, ἐρείcαντα
τὴν κεφαλὴν αὐτοῦ ἐπὶ cκυτίνου ὑποκεφαλαίου ὡc πληρεcτάτου, ἵνα ὡc ἥκιcτα
ὑποκλίνῃ. προcκατέχειν χρὴ δέ τινα τὴν κεφαλὴν τοῦ ἰωμένου. ἢν δὲ ἀμφό-
τεραι αἱ γνάθοι ἐξαρθρήcωcιν, ἡ μὲν Ἰηcιc ἡ αὐτή. cυμβάλλειν δὲ ἧccον ἔτι
5 οὗτοι τὸ cτόμα δύνανται. καὶ προπετέcτεραι δὲ γένυεc τούτοιcιν, ἀcτραβεῖc
δέ. ταῦτα ἀναγκαῖον ἦν καταχωρίcαι χάριν τοῦ μηδέν cε τῶν περὶ ἄρθρων λεγομένων
διαλαθεῖν.

(Tabvla XIV)

Περὶ cπονδύλων.

10          Ἀεὶ δὲ τὴν τῶν ὑποδειγμάτων οὐκ ἐπιτήδειον εἶναι διέλαβον ὑπογραφὴν ποιήcaθαι.
ἃ δὲ ἐχομένωc περὶ cπονδύλων τῶν ἐν τῇ ῥάχει διαcαφεῖ, διὰ τούτων ὑποτάξω (IV 182 L)·
ὅcοιc δὲ ἐκ καταπτώcεωc ῥάχιc κυφοῦται, ὀλίγα δὴ τούτων ἐκρατήθη ὥcτε ἐξι-
θυνθῆναι. τοῦτο μὲν γὰρ αἱ ἐν τῇ κλίμακι κατατάcιεc οὐδένα πω ἐξίθυναν, ὧν
ἐγὼ οἶδα. χρέονται δὲ ἰητροὶ αὐτῇ μάλιcτα οὗτοι οἳ ἐπιθυμοῦνται ἐκχαυνοῦν
15 τὸν πολὺν λαόν. ἐν τοῖcι γὰρ τ⟨οι⟩ούτοιcι ταῦτα θαυμαcτά ἐcτιν, ἢν ἢ κρεμά-
μενον ἴδωcιν ἢ ῥιπτόμενον. οὐ κατὰ πᾶν ἀδόκιμον οἴεται εἶναι τὴν τοιαύτην τῆc
χειρουργίαc ἐπίνοιαν, ἀλλά που καὶ δυνατὸν ἔcεcθαι δεόντωc cκευαcθεῖcαν πρὸc τὸν τῶν
cπονδύλων καταρτιcμόν. ὅμωc δὲ ἐξεπίτηδεc ἐκκεκλικέναι τὰ τοιαῦτά φηcι λέγων οὕτωc
(IV 184 L)· αὐτὸc μέντοι κατηcχύνθην πάντα ⟨τὰ⟩ τοιουτότροπα ἰητρεύειν οὕτω
20 διὰ τοῦτο, ὅτι πρὸc ἀπατεώνων μᾶλλον οἱ τρόποι οὗτοι. ὁπόcοιc μὲν οὖν ἐγγὺc
τοῦ αὐχένοc ἡ κύφωcιc γίνεται, εἰκὸc ἧccον ὠφελεῖν τὰc κατατάcειc ταύταc
τὰc ἐπὶ κεφαλήν. μικρὸν γὰρ τὸ βάροc καὶ τὰ ἀκρώμια καταρρέ⟨π⟩οντα. ἀλλὰ
τούc γε τοιούτουc εἰκὸc ἐπὶ πόδαc καταcειcθένταc μᾶλλον ἐξιθυνθῆναι· μέζων
γὰρ ἂ⟨ν ο⟩ὕτωc ἡ καταρροπὴ εἴη· ὅcοιc [γὰρ] δὲ κατωτέρω τὸ ὕβωμα, τού-
25 τοιc ἔοικε μᾶλλον ἐπὶ κεφαλὴν καταcείεcθαι. ὑφέcταται δὲ τὴν ἐπὶ κεφαλὴν κατά-
cειcιν οὕτωc ἂν γίνεcθαι δεόντωc ὑπὸ τῶν αἱρουμένων αὐτῇ χρῆcθαι, καταχωρίζων τὸν
τρόπον τοῦτον (IV 184 L)· εἰ οὖν τιc θέλοι καταcείειν, ὀρθῶc ἂν ὧδε cκευάζοι.
τὴν μὲν γὰρ κλίμακα ἢ cκυτίνοιc ὑποκεφαλαίοιc ἢ εἰρινοῖc καταcτρῶcαι εὖ
προcδεδεμένοιc καὶ ὀλίγῳ πλεῖον ἐπὶ μῆκοc καὶ ἔνθεν καὶ ἔνθεν ἢ ὅcον ⟨ἂν⟩ τὸ
30 cῶμα τοῦ ἀνθρώπου κατάcχῃ· ἐπιτείναντα τὸν ἄνθρωπον ὕπτιον κατακλῖναι ἐπὶ
τὴν κλίμακα χρή, καὶ ἔπειτα προ⟨c⟩δῆcαι μὲν χρὴ τοὺc πόδαc παρὰ τὰ cφυρὰ πρὸc

1 ἐρίcαντα    2 ὑπο cκυτίνου ἐπικεφάλου    5 τούτοιc    10 inc. fol. 199 r a; in mg. sup. ciz̄,
pau'o infra περὶ cπονδύλων    δεῖ: ἤδη Dtz; corrsxi; cf. p. 2, 12; 10, 22; 11, 30. f. τὴν ⟨διὰ⟩    ποιεῖ-
cαcθαι    11 ραχη    12 καταπτοcεωc ραχηc κοιφοῦται    13 ουδεν αποεξιθυναν ὄν    15 τούτοιcι
16 ριπτομενα· εὐ: corr. Dtz    17 δυνατὸν servavi    19 κατεχυνθη παντα τοιουτο τροπω    20 απα-
τεων    21 κατατασεic    22 καταρρέοντα    24 μεζω γαρ αὐτωc ἡ καταρροπη εἰ    ὅcοιc γὰρ δὲ
25 ὑπὸ κεφαλην κατασιεcθαι    κατασειcην    26 αὐτῶ χρεῖcθαι    28 υποκεφαλεοιc ἡ ειρινοιc    29 ἔνθεν
ηccον το    30 επιτεναντα: f. ἔπειτα    31 προδῆcαι

τὴν κλίμακα καὶ μὴ διακεεντα ἀλλὰ cυμβεβηκότα, δεcμῷ [δ']εὐόχῳ μέν, μαλθακῷ δέ· προcδῆcαι δὲ κατωτέρω τῶν γονάτων καὶ ἀνωτέρω· προcδῆcαι δὲ καὶ τὰ ἰcχία· κατὰ δὲ τοὺc κενεῶναc καὶ εἰc τὸ cτῆθοc χαλαραῖc ταινίαιc προcπερι- βάλλειν οὕτωc ὅπωc μὴ κωλύcωcι τὴν πέραcιν· τὰc δὲ χεῖραc παρὰ τὰc πλευρὰc παρατείνοντα προcκαταλαβεῖν πρὸc τὸ αὐτοῦ cῶμα καὶ μὴ πρὸc τὴν κλίμακα. 5 ὅταν δὲ ταῦτα cκευάcῃ οὕτωc, ἀνέλκειν τὴν κλίμακα πρὸc τύρcιν τινὰ ὑψηλὴν ἢ πρὸc ἀέτωμα οἴκου. τὸ δὲ χωρίον ἵνα κατατείειc ἀντίτυπον ἔcτω. τοὺc δὲ ἀνατείνονταc εὐπαιδεύτουc χρὴ εἶναι, ὅπωc ὁμαλῶc καὶ καλῶc καὶ ἰcορρόπωc καὶ ἐξαπιναίωc ἀφήcωcι καὶ μήτε ἡ κλῖμαξ ἑτερορρεπῇ ἐπὶ τὴν γῆν μήτε αὐτοὶ προπετεῖc ἔcονται. ἀπὸ μέντοι τύρcιοc ἀφιελc ἢ ἀπὸ ἱcτοῦ καταπεπηγότοc 10 καρχήcιον ἔχοντοc ἔτι κάλλιον ἄν τιc cκευάcαιτο, ὥcτε ἀπὸ τροχιλίηc τὰ χαλώ- μενα ὅπλα εἶναι ἢ ἀπὸ ὄνου. ἀηδὲc μὲν καὶ μακρολογεῖν περὶ αὐτῶν τούτων, ὅμωc δ' ἐκ τούτων τῶν παραcκευῶν κάλλιcτα ἄν τιc κατατειcθείη. ἡ διὰ τῆc ὑποδεδειγμένηc [διὰ τῆc] κλίμακοc ἐπὶ κεφαλὴν κατάταcιc [ἐκ] τούτου ἄν τὸν τρόπον γίνοιτο.

(Tabvla XV) 15

Περὶ δὲ τῆc ἑτέραc κατατείcεωc οὕτωc ὑπογέγραφεν (IV 188 L)· εἰ μέντοι κάρτα ἄνω εἴη τὸ ὕβωμα, δέοι δὲ πάντωc κατατείειν, ἐπὶ πόδαc κατατείειν λυcιτελεῖ, ὥcπερ ⟨ἢ⟩δη εἰρήκαμεν. γίνεται δὲ ἡ καταρροπὴ ἐπὶ ταῦτα· ἑρμάcαι δὲ χρὴ κατὰ μὲν τὸ cτῆθοc πρὸc τὴν κλίμακα προcδῆcαντα, δῆcαι δὲ ὀχυρῶc τὸν αὐχένα ὡc χαλαρωτάτῃ ταινίῃ ὅcον τοῦ κατορθοῦcθαι ἕνεκα· καὶ αὐτὴν τὴν κεφαλὴν κατὰ 20 τὸ μέτωπον προcδῆcαι πρὸc τὴν κλίμακα, τὰc δὲ χεῖραc παρατανύcαντα πρὸc τὸ cῶμα προcδῆcαι καὶ μὴ πρὸc τὴν κλίμακα· τὸ μέντοι ἄλλο cῶμα ἄδετον εἶναι, πλὴν ὅcον τοῦ κατορθοῦcθαι ἕνεκα ἄλλη καὶ ἄλλη ταινίῃ χαλαρῇ περιβεβλῆcθαι. ὅπωc δὲ μὴ κωλύcωcι τὴν κατάταcιν οὗτοι οἱ δεcμοί. τὰ δὲ cκέλη πρὸc μὲν τὴν κλίμακα μὴ προcδεδέcθαι, πρὸc ἄλληλα δὲ ὡc κατὰ τὴν ῥάχιν εἰc εὐθὺ ῥέπῃ. 25 ταῦτα μὲν οὖν ἐπὶ τοcοῦτον διηρίθμηται· τὴν δὲ ἐπὶ πόδαc κατάcειcιν οὕτωc χρὴ ποιεῖcθαι.

(Tabvla XVI)

Ὅτι δὲ οὐχ ὁλοcχερῶc εὐαρεcτεῖ ταῖc τοιαύταιc κατατάcεcι, δῆλον ἔτι ἐξ ὧν οὕτωc ἐπιφέρει (IV 188 L)· ταῦτα μέντοι τοιουτοτρόπωc ποιητέον, εἰ πάντωc δέοι ἐν κλίμακι κατατειcθῆναι. αἰcχρὸν μὲν ἐν πάcῃ τέχνῃ καὶ οὐχ ἥκιcτα ἐν ἰητρικῇ 30

---

1 κλίμακα καὶ μη διακεεντα αλλα   δεcμ̣ω δε ὅκοι μεν   3 τενίαιc   4 κολυcωcιν   6 προcευρcιν   7 τῷ δε   κατατειcη   8 αντιτεινονταc   ιcορροποc καὶ εξαπεινεωc   11 cκευάcοιτο   ὡc γε   τροχηλ- ληc   12 αειδὲc   μακρολεγειν   13 διὰ τῆc ὑποδεδειγμένηc διὰ τῆc κλίμακοc: correxi   14 κατάταcιc: exspectes κατάcειcιc; sed cf. v. 27   [εκ] seclusi; κατὰ Dtz   17 λυcιτελῇ   18 δὴ: correxi ex Hipp. libris   ἐπὶ ταυτα δε ορμαcαι χρη   19 κλιμακα αποθηcαι· δῆcαι δε οχοιρωc καταδεῖν τὸν αυχενα ἑωc   20 τενειη   κατωρθοῦcθαι   23 τενίη   περιβεβλεicθαι   25 ῥάχην   ρεπει   28 ολοcχεροc: corr. Dtz   δῆλον ὅτι: correxi coll. p. 14, 17; 'f. ἐcτι' Dtz   29 μεντοι ουτω τροπωc ποιητεον εχει· παντωc   30 ουκ

πολὺν ὄχλον παρασχόντα καὶ πολλὴν ὄψιν καὶ πολὺν λόγον [καὶ] ἔπειτα μηδὲν
ὠφελῆcαι. ὅθεν ἐν τοῖc ἐφεξῆc, ὃν τρόπον δεῖ τοὺc εἰc τὸ ἐκτὸc ἐκκλίναντας cπονδύλους
καταρτίζειν, οὕτως ὑπογέγραφεν (IV 202 L)· χρὴ δὲ τὴν κατασκευὴν τοῦ διαναγκαζο-
μένου τοιήνδε κατασκευάcαι. ἔξεcτι μὲν Εὔλον ἰcχυρὸν καὶ πλατὺ ἐντομὴν ⟨....⟩
5 παραμήκεα ἐντέμνειν ἀνωτέρω τοῦ ἐδάφεοc, ὅπωc ἄν μετρίωc ἔχῃ· ἔπειτα οἷον
cτῦλον δρύϊνον, τετράγωνον, πλάγιον παραβάλλειν ἀπολιπόντα ἀπὸ τοῦ τοίχου
ὅcον παρελθεῖν τινα ἦν δέῃ· καὶ ἐπὶ μὲν τὸν cτῦλον ὑποcτρῶcαι χλαίναc ἤ ἄλλο
τι ⟨ὃ⟩ μαλθακὸν μὲν ἔcται, ὑπείξει δὲ μὴ μέγα· τὸν δὲ ἄνθρωπον πυριῆcαι, ἢν
ἐνδέχηται, ἢ θερμῷ πολλῷ λοῦcαι καὶ ἔπειτα κατατεῖναι πρηνέα, κατατείναντα
10 δὲ τὰc χεῖραc κατὰ φύcιν προcδῆcαι πρὸc τὸ cῶμα· ἱμάντι ⟨δὲ⟩ πλατεῖ καὶ
ἰcχυρῷ, μαλθακῷ δὲ καὶ μακρῷ ἐκ δύο διανταίων cυμβεβλημένῳ μέcῳ κατὰ
μέcον τὸ cτῆθοc δὶc περιβεβλῆcθαι ὡc ἐγγυτάτω τῶν μαcχαλέων· ἔπειτεν τὸ
περιccεῦον τῶν δύο ἱμάντων κατὰ τὴν μαcχάλην ἑκάτερον περὶ τοὺc ὤμουc
περιβεβλῆcθαι. ἔπειτα αἱ ἀρχαὶ πρὸc ὑπεροειδέc τι προcδεδέcθωcαν [αἱ] ἁρμό-
15 cουcαι τὸ μῆκοc τῷ ⟨εὔ⟩λῳ τῷ ὑποτεταγμένῳ πρὸ τὸ προcβαλλον τὸ ὑπεροει-
δὲc ἀποcτηρίζειν κατατεινη τοιούτῳ δέ τινι ἑτέρῳ δεcμῷ χρὴ ἄνωθεν τῶν τοῦ
γόνατοc δεcμῶν δήcαντα καὶ ἄνωθεν τῶν πτερνῶν τὰc ἀρχὰc τῶν ἱμάντων πρὸc
τοιοῦτό τι Εὔλον προcδῆcαι, ἄνω δὲ ἄλλῳ ἱμάντι πλατεῖ καὶ ⟨.......⟩
Μετὰ δὲ τὰ προκείμενα οὕτωc ἐπιλέγει (IV 206 L)· καὶ ἀcινεcτάτη μὲν αὕτη
20 ἡ ἀνάγκη· ἀcινὴc δὲ καὶ καθέζεcθαί τινα ἐπὶ τὸ κύφωμα αὐτοῦ ἅμα κατατεινο-
μένου καὶ ἐπενcεῖcαι μετεωριcθέντα· ὥcτε τῆc αὐτῆc κατατάcεωc ἤ καὶ ⟨τῆc⟩ δι'
ὀνίcκων γινομένηc, ἀντὶ τοῦ ταῖc χερcὶ πιέζειν διὰ τῆc καθέδραc ἐπερείδονταc ἤ καὶ ἐνcείον-
ταc, ἀναγκάζειν τὸ ὑπερέχον τῶν cφονδύλων εἰc τὸ κατὰ φύcιν ἀποχωρεῖν. ὃν τρόπον δὲ
δεῖ ⟨τὸν καταρτιcμὸν⟩ ποιεῖcθαι, οὕτωc ὑποτέτακται.

25                              (TABVLA XVII)

Ἑπομένωc δὲ ταῦτα κατακεχώρικεν (IV 206 L)· ἀτὰρ καὶ ἐπιβῆναι τῷ ποδὶ καὶ
ὀχηθῆναι τὸ cῶμα καὶ ἡcύχωc ἐπιcεῖcαι οὐδὲν κωλύει. τοιοῦτον δὲ ποιῆcαι με-
τρίωc ἐπιτήδειοc ἄν τιc εἴη τῶν ἀμφὶ παλαίcτρην εἰθιcμένων. καὶ οὗτοc δὲ ὁ
τρόποc οὕτωc ἄν ἐπιτελοῖτο διαλλάccων τῇ διὰ τῶν ὀνίcκων κατατάcει. δεῖ δὲ τοὺc ὀνίcκουc
30 ἤτοι παρὰ τὴν ὑποτιθεμένην τῷ μέλλοντι κατα⟨τα⟩θήcεcθαι cανίδα κατορύccειν ἤ ἐπ' αὐτῆc
ἐμπηγνύναι.

                              (TABVLA XVIII)

2 δη    4 ἐντομή    5 εδαφεωc    ἔχει    οἷον Εὔλον    6 τετραγονον    8 πυριῆcαι    9 κατα-
τείναc    11 διαντέω    12 περιβεβλειcθαι    τω περιccεύον    13 τῶν ἱμάντων δύο: correxi    14 περι-
βεβλειcθαι    ὑπερωειδέc    αι ἁρμοcουcαι τό μῆκοc τῷ νωτω υποτεταγμενω προc το προcβάλλον τὸ υπερ-
ωειδεc αποcτηριζειν κατατεινη    16 δεcμῶν ἤν ανωθεν τῶν τοῦ γονατων δεcμων    18 in fine fol. 201ᵛ b;
dein unum folium codicis deest; fol. 202ʳ in mg. inferiore m. recentior scripsit ἄπεcτι ἐν φύλλον
19 προκινούμενα: correxi    ἀcθενεcτάτη    αυτη ανάγκη    21 επεcειcαι    κατατάcιοc    ⟨τῆc⟩ addidi
22 πιεζην    ενcιονταc    23 την υπερεχοντων cφονδύλων    24 supplevit Brinkmann    26 επο-
μενοc    ανακεχώρικεν: correxi    27 ποιεῖcαι    28 παλεcτρη    οὕτωc δὲ    30 εἴτοι    κατατηθεcεcθαι:
corr. Dtz    ει επ' αυτηc ενπηγνύναι

Ὃν τρόπον δὲ ἐπὶ τῆς τοῦ ὤμου ἐμβολῆς τὸν ἐπὶ πᾶσι καταρτισμὸν δυνατώτατον ὄντα κατακεχώρικεν, οὕτως καὶ ἐπὶ τῶν παρόντων τὸ ὅμοιον πεποίηκεν, ἑξῆς τὸν τρόπον τοῦτον διασαφῶν (IV 206 L)· δυνατωτάτη[ν] μὲν οὖν τῶν ἀναγκέων ἐστί, εἰ ὁ μὲν τοῖχος ἐντέτμηται, τὸ ⟨δὲ⟩ ξύλον τὸ κατωρυγμένον ᾖ ἐντέτμηται κατωτέρω εἴη τοῦ ἀνθρώπου τῆς ῥάχιος, ὅπως ἂν δοκέοι μετρίως ἔχειν, σανὶς ⟨δὲ⟩ φιλυ- 5 ρίνη μὴ λεπτὴ εἴη ἢ καὶ ἄλλου τινὸς ξύλου. ἔπειτ' ἐπὶ μὲν τὸ ὕβωμα ἐπιτεθείη τρύχιον πολύπτυχον ἢ μικρὸν σκύτινον ὑποκεφάλαιον. ὡς ἐλάχιστα μὴν ἐπικεῖσθαι συμφέρει, μόνον προμηθευόμενον, ὅπως μὴ ἡ σανὶς ὑπὸ σκληρότητος ὀδύνην παρὰ καιρὸν παρέχῃ. κατ' ἴξιν δὲ ὡς μάλιστα ἔστω τῇ ἐντομῇ τῇ εἰς τὸν τοῖχον τὸ κύφωμα, ὡς ἡ σανίς, ᾗ μάλιστα ἐξέστηκεν, ταύτῃ μάλιστα πιέζῃ ἐπι- 10 τεθεῖσα. ὅταν δὲ ἐπιτεθῇ, τὸν μέν τινα καταναγκάζειν χρὴ τῆς σανίδος τὸ ἄκρον, ἤν τε ἕνα δέῃ ἤν τε δύο, τοὺς δὲ κατατείνειν τὸ σῶμα κατὰ μῆκος, ὥσπερ πρόσθεν εἴρηται, τοὺς μὲν τῇ, τοὺς δὲ τῇ. ἔξεστιν δὲ καὶ ὀνίσκοις κατάτασιν ποιεῖσθαι ἢ παρακατορύξαντα ⟨παρὰ⟩ τὸ ξύλον ἢ ἐν αὐτῷ τῷ ξύλῳ τὰς φλιὰς τῶν ὀνίσκων ἐντεκτηνάμενον, ἤν τε ὀρ[νι]θὰς θέλῃ μικρὸν ὑπερεχούσας, ἤν τε 15 κατὰ κορυφὴν [τὸ] τοῦ ξύλου ἔνθεν καὶ ἔνθεν. αὗται ἀνάγκαι εὐταμίευτοι καὶ εἰς τὸ ἰσχυρότερον καὶ εἰς τὸ ἧσσον, καὶ ἰσχὺν ἔχουσιν τοιαύτην, ὥστε καὶ εἴ τις ἐπὶ λύμῃ βούλοιτο, ἀλλὰ μὴ ἐπὶ ἰητρείῃ, εἰς τοιαύτας ἀνάγκας ἀγαγεῖν. καὶ γὰρ ἂν κατατείνων κατὰ μῆκος μόνον ἔνθεν καὶ ἔνθεν οὕτως καὶ ἄλλην ἀνάγκην μηδεμίαν προστιθεὶς ὅμως κατατείνειεν ἄν τις. ἡ δὲ προκειμένη κατάτασις καὶ ἡ τῆς σα- 20 νίδος μοχλεία τοῦτον ἂν τὸν τρόπον γίνοιτο.

(Tabvla XIX)

Περὶ μὲν ἀγκῶνος καὶ καρποῦ καὶ τῶν εἰς τὸ ἔξω προ[σ]ωθουμένων σπονδύλων καταρτισμοῦ, καθ' ὅσον ἦν δυνατόν, διὰ τῶν ὑποδειγμάτων πεποίηκά σοι φανερὸν οὐ κατ' ἄλλον τινὰ τῶν ἰατρῶν, ἀλλὰ καθ' Ἱπποκράτην ὑπὲρ τῶν ὑφηγησαμένων λόγων, καθάπερ καὶ ἐν 25 τῷ πρὸ τούτου βιβλίῳ τὰ περὶ ὤμου καταρτισμοῦ ἐκδέδωκά σοι. τοὺς δ' ἔτι λειπομένους τῶν ἐμβολῶν τρόπους μηροῦ τε καὶ γόνατος καὶ σφυροῦ κατ' ἰδίαν παραπλησίως καταγράψας ἐφ' ὧν [ὑποδειγμάτων] δυνατὸν ἐκδώσω σοι, ὥστ' ἐν τοῖς τρισὶ βιβλίοις τετελειωμένην ἔχειν σε τὴν καθ' Ἱπποκράτην περὶ ἄρθρων οὐκ ἀνωφέλητον θεωρίαν.

---

3 δυνατωτατην    ἀναγκαιων εστι· εἰ    4 τύχος εντετμιται το ξύλον τω κατωρυγμενον κατοτερω    5 οπωσῶ̈ν δοκεοι    6 επιτεθει· ἡ τρυχιον    8 σκληροτιτος    9 παρεχειν και ταξειν εν τω τη εντωμη    εις τον τυχον    10 μαλιστα πεζειν    11 ηντινα δεη    14 τὰς φιαλας    15 εντεκτεινασμενος    ορνιθας    16 κατα κουρην το του ξύλου    αὗται ἀναγκαι ευταμιευται    16 εις bis    17 ἴcον    18 ιατριη εις τοιαυτας αναγκας αγαγειν    20 κατατεινειν εαν της    και ει    20 f. ⟨διὰ⟩ τῆς cανίδος    21 μοχλία    23 προσωθουμενων: corr. Dtz    25 λόγον: corr. Dtz; f. υφηγησομενων; υφηγημενων    Brinkmann    26 καταρτίσας: correxi    28 [υποδειγματων] Brinkmann    τετελιωμενην

# ΑΠΟΛΛΩΝΙΟΥ ΚΙΤΙΕΩΣ
## ΤΗΣ ΠΕΡΙ ΑΡΘΡΩΝ ΠΡΑΓΜΑΤΕΙΑΣ
### ⟨ΤΟ ΤΡΙΤΟΝ⟩

Ἐν μὲν τῷ πρώτῳ βιβλίῳ, βασιλεῦ Πτολεμαῖε, διασεσάφηκά σοι, ὃν τρόπον ἄν τις
5 καθ' Ἱπποκράτην ὦμον ἐξηρθρηκότα σημειώσαιτό τε ⟨καὶ⟩ καταρτίσειεν· ἐν δὲ τῷ πρὸ τούτου
περί τε ἀγκῶνος καὶ καρποῦ καὶ σφονδύλων κυφ⟨ώς⟩εως παραπλησίως διὰ τῶν ὑποδειγμάτων
⟨ς⟩οι ἐκτέθειμαι ὃν τρόπον τ' αὐτῶν δεῖ τὸν καταρτισμὸν ποιεῖσθαι· ἐν δὲ τούτῳ τῷ βιβλίῳ
περί τε μηροῦ καὶ γόνατος καὶ σφυροῦ τάς τε σημειώσεις τῶν ἐξηρθρηκότων καὶ τὰς ἐμβολὰς
αὐτῶν, ἐφ' ὧν δυνατόν, διὰ τῶν ὑποδειγμάτων παραπλησίως τοῖς εἰρημένοις ἐκθήσομαι, ἵν'
10 ἐν τρισὶν βιβλίοις τελειουμένην ἔχῃς τὴν καθ' Ἱπποκράτην περὶ τῶν ἄρθρων ἐπίγνωσιν.
ἐπεὶ δὲ ἤτοι πάντα ἢ πλεῖστα τῶν ἄρθρων χωρὶς ὀργανικῆς μηχανοποιίας καταρτίζειν παρα-
κελευσάμενος καινὸν ὀργάνου τρόπον ἐν τοῖς ἐφεξῆς ἐπινοήσας ἐκτέθειται, ἀναγκαῖον ἂν εἴη
καὶ τὴν [ἐκ] τούτου κατασκευὴν δι' ὑποδείγματος κατὰ τὸν οἰκεῖον τ[ρ]όπον ἐν τούτοις ὑπο-
γράψαι σοι πρὸς τὸ μηδέν σε τῶν πρὸς τὰ προκείμενα συντεινόντων κατὰ τὸ δυνατὸν δια-
15 λαθεῖν. προκαταχωρίζων δὲ τὰς Ἱπποκράτους λέξεις ἀκολούθως τοῖς πρότερον, οὕτως τὰς
διὰ τῶν ὑποδειγμάτων ἐμβολὰς ὑποτάξω. ἐχομένως τοίνυν οὕτως καταχωρίζει (IV 224 L)·
ἢν δὲ μηροῦ ἄρθρον ἐξ ἰσχίου ἐκπέσῃ — ἐκπίπτει δὲ τέσσαρας τρόπους, ἐς μὲν τὸ
εἴσω πολὺ πλειστάκις, εἰς δὲ τὸ ἔξω τῶν ἄλλων πλειστάκις, εἰς δὲ τὸ ὄπισθεν
⟨καὶ τὸ ἔμπροσθεν⟩ ἐκπίπτει μέν, ὀλιγάκις δέ — οἷσι μὲν οὖν εἰς τὸ ἔσω μέρος
20 ἐκβῇ, μακρότερον τὸ σκέλος φαίνεται παραβαλλόμενον πρὸς τὸ ἕτερον διὰ δισ-
σὰς προφάσιας εἰκότως. ἐπί τε γὰρ τὸ ἀπὸ τοῦ ἰσχίου πεφυκὸς ὀστέον, τὸ ἄνω
φερόμενον ἐπὶ τὸν κτένα, ἐπὶ τοῦτο[ν] ἡ ἐπίβασις τοῦ μηροῦ τῆς κεφαλῆς γίνεται
καὶ ὁ αὐχὴν τοῦ ἄρθρου ἐπὶ τῆς κοτύλης ὀχεῖται· ἔξωθέν τε αὐτοῦ ὁ γλουτὸς
κοῖλος φαίνεται ἔσω ἅτε ρεψάσης τῆς κεφαλῆς τοῦ μηροῦ· τό τε αὖ ⟨κατὰ⟩ τὸ
25 γόνυ τοῦ μηροῦ ἀναγκάζεται ἔξω ῥέπειν καὶ ἡ κνήμη καὶ ὁ ποὺς ὡσαύτως. καὶ
μετά τινας ἀριθμοὺς φησιν (IV 226 L)· ἀτὰρ καὶ ψαυομένη ἡ κεφαλὴ τοῦ μηροῦ παρὰ
τὸν περίναιον ὑπερογκέουσα ἐκδηλός ἐστιν· τὰ μὲν σημεῖα ταῦτα, οἷς ἂν ἔσω ἐκ-
πεπτώκῃ. ἐὰν οὖν ἐκπεσὼν μὴ ἐμπέσῃ, ἀλλὰ καταπορηθῇ, ἥ τε ὁδοιπορίη περι-

---

5 πρωτου του     6 σφονδυλων κυφεως: leg. κύφους s. κυφώσεως Dtz     υποδειγματων οἳ εκτε-
θηται μετον τροπον: correxi; ἐκτέθειταί μοι Dtz     7 ταυτων δε: τούτων δεῖ Dtz; correxi     9 ὑφ' ὧν:
correxi     εκθηςωμαι     11 επι δε ητοι: corr. Dtz     12 και τον ετ εκτεθημαι: correxi     13 [ἐκ] seclusit
Dtz     τρόπον: corr. Brinkmann     εκ τουτοιc υπεγραψα coι: corr. Dtz     15 προκαταχωριζειν: corr. Dtz
16 εχωμενος: corr. Dtz     17 εκπιπτη     ει μεν m. prima, c supra lineam adpinxit m. recentior
18 πλιστακης bis     19 ολητακηc     οἵη μεν     εις το εcω     20 φενεται     21 εικοτος επει τε     πε-
φοικος     22 τουτον     23 ὑχειται     24 κοινοс φενεται     το τε ὰύτὼ γονυ του μηρου αναγκαζεται
25 ωcαυτος     27 περειναιον υπερογκαιουcα εκδηλοc     εκπεπτοκει     28 καταπωρεθη     οδυποριη

φοράδην τοῦ cκέλεοc ὥcπερ ἐν τοῖc βουcὶ γίνεται καὶ ἡ ὄγκωcιc πλείcτη αὐτοῖc
ἐπὶ τοῦ ὑγιοῦc cκέλεόc ἐcτιν καὶ ἀναγκάζονται τὰ κατὰ τὸν κενεῶνα καὶ κατὰ
τὸ ἄρθρον τὸ ἐκπεπτωκὸc κυλλοὶ καὶ cκολιοὶ εἶναι. καὶ κατὰ δὲ τὸ ὑγιὲc εἰc τὸ
ἔξω ὁ γλουτὸc ἀναγκάζεται περιφερὴc εἶναι. καὶ πάλιν οὕτωc ἔχει (IV 228 L)·
ἀναγκάζονται δὲ καὶ ἐπικύπτειν. τῇ γὰρ χειρὶ τῇ κατὰ τὸ cκέλοc τὸ cιναρὸν ₅
ἀναγκάζονται κατὰ πλάγιον τὸν μηρὸν ⟨ἐρείδειν⟩. οὐ γὰρ δύναται τὸ cιναρὸν
cκέλοc ὀχεῖν τὸ cῶμα ἐν τῇ μεταλλαγῇ τῶν cκελέων, ἣν ⟨μὴ κατέχηται πρὸc⟩
τὴν γῆν πιεζόμενον. ἐν τούτοιc οὖν τοῖc cχήμαcιν ἀναγκάζονται ἐcχηματίcθαι,
οἷc ἂν ἐκβὰν τὸ ἄρθρον μὴ ἐμπέcῃ. καὶ μετά τιναc ἀριθμοὺc οὕτωc ἕκαcτα περιέργωc
διαπορεύεται· ἀναγκάζομαι δὲ τῆc cυμμετρίαc cτοχαζόμενοc αὐτὰ τὰ καίρια μόνον προ⟨c⟩- ₁₀
τάccειν (IV 230 L)· οἷc μὲν οὖν μήπω τετελειωμένοιc ἐc αὔξηcιν ἐκπεcὼν μὴ[δὲ]
ἐμπέcῃ, γυιοῦται καὶ ὁ μηρὸc καὶ ἡ κνήμη καὶ ὁ πούc. οὔτε γὰρ ὀcτᾶ ἐc τὸ
μῆκοc ὁμοίωc αὔξεται, ἀλλὰ βραχύτερα γίγνεται, μάλιcτα δὲ τοῦ μηροῦ, ἄcαρκόν
τε ἅπαν τὸ cκέλοc καὶ ἄμυον καὶ ἐκτεθηλυcμένον καὶ λεπτὸν γίνεται, ἅμα
μὲν διὰ τὴν cτέρηcιν τοῦ ἄρθρου, ἅμα δὲ ὅτι ἀδύνατον χρῆcθαί ἐcτιν, ὅτι ₁₅
οὐ κατὰ φύcιν κεῖται. καὶ διὰ τούτων πᾶcιν ἐπιλέγει (IV 230 L)· εἰ δὲ νηπίοιc
ἡ cυμφορὴ αὕτη γίνεται, οἱ πλεῖcτοι καταμβλακεύουcι τὴν ὄρθωcιν τοῦ cώ-
ματοc, ἀλλὰ εἰλέονται ἐπὶ τὸ ὑγιὲc cκέλοc, τῇ χειρὶ πρὸc τὴν γῆν ἀπερειδό-
μενοι τῇ κατὰ τὸ ὑγιὲc cκέλοc. καταμβλακεύουcι δὲ ἔνιοι τὴν ἐc τὸ ὀρθὸν
ὁδοιπορίην, καὶ οἷc ἂν τετελειωμένοιc αὕτη ἡ cυμφορὴ γίνηται. τὰ μὲν cημεῖα ₂₀
ταῦτα ἐκτέθειται· τὸν δὲ καταρτιcμὸν ὃν τρόπον δεῖ ποιεῖcθαι, διὰ τούτων δεδήλωκεν
(IV 288 L)· μηροῦ δὲ ὀλίcθημα κατ' ἰcχίον ὧδε χρὴ ἐμβάλλειν, ἣν εἰc τὸ ἔcω μέροc
ὠλιcθήκῃ. ἀγαθὴ μὲν ἥδε κατὰ φύcιν καὶ δικαίη ⟨ἡ⟩ ἐμβολὴ καὶ δή τι ἀγωνι-
cτικὸν ἔχουcα, ὅcτιc γε καὶ τοῖc τοιούτοιc ἥδεται κομψευόμενοc. κρεμάcαι χρὴ
τὸν ἄνθρωπον τῶν ποδῶν πρὸc μεcόδμην δεcμῷ μαλθακῷ, δυνατῷ δὲ καὶ παχέωc ₂₅
ἔχοντι. τοὺc δὲ πόδαc χρὴ διέχειν ἀλλήλων ὅcον τέccαραc δακτύλουc ἢ καὶ
ἔλαccον. χρὴ δὲ καὶ ἐπάνωθεν τῶν ἐπιγουνίδων προcπεριβεβλῆcθαι πλατεῖ
ἱμάντι καὶ μαλθακῷ, ἀνατείνοντα πρὸc τὴν μεcόδμην, τὸ δὲ cκέλοc τὸ cιναρὸν
ἐντετάcθαι ὡc δύο δακτύλουc μᾶλλον τοῦ ἑτέρου. ἀπὸ δὲ τῆc γῆc ἀπεχέτω τὴν
κεφαλὴν ὡc δύο πήχειc ἢ ὀλίγῳ πλεῖον ἢ ὀλίγον ἔλαccον. τὰc δὲ χεῖραc παρα- ₃₀
τεταμέναc παρὰ τὰc πλευρὰc καταλελαμμένοc ἔcτω μαλακῷ τινι. πάντα δὲ
ταῦτα ὑπτίῳ κατακειμένῳ καταcκευαcθήτω, ὡc ὅτι ἐλάχιcτον χρόνον κρέμηται.
ὅταν δὲ κρεμαcθῇ, ἄνδρα χρὴ εὐπαίδευτον καὶ μὴ ἀcθενέα, ἐρείcαντα τὸν πῆχυν
μεταξὺ τῶν μηρῶν, ἔπειτα θέcθαι τὸν πῆχυν μεcηγὺ τοῦ τε περιναίου καὶ τῆc
κεφαλῆc τοῦ μηροῦ τῆc ἐξεcτηκυίηc, ἔπειτα cυνάψαντα τὴν ἑτέρην χεῖρα πρὸc ₃₅

1 ογκωcιc πλῃcτη αυτοιc   2 ἐcτιν ἣν αναγκαιον τὰ κατα   3 τω   κοιλοι   τω υγιεεc εἰc
το   4 παλην   7 ὠχειν   9 οἷc ἂν ἐκβὰν   10 αναγαζονται: corr. Dtz   11 προτάccειν: correxi
τετελειωμενῃc   εκπεcον μηδε εμπεcη   12 κνιμη   16 οἱ δε νηπιοιc   17 γἰνηται   πλιcτοι   21 εκ-
τεθηται   22 εἰc το εcω μεροc ολιcθήκη   24 ὃcτιc τε   25 παχεωc ἔχοντι   27 ελαccω   προc-
περιβεβλεῖcθαι   28 τω cιναρὸν   30 παρατεταμμεναc   31 καταλελαμμεναc   μαλακῷ τηνι
33 ἐρείcαντα

3*

τὴν διηρ[η]μένην, παραστάντα ὀρθὸν παρὰ τὸ cῶμα τοῦ κρεμαμένου, ἐξαπίνης ἐκ-
κρεμαcθέντα μετέωρον αἰωρηθῆναι ὡc ἰcορροπώτατα. αὕτη μὲν ἡ ἐμβολὴ παρ-
έχεται ὅcα χρὴ κατὰ φύcιν. αὐτό τε γὰρ τὸ cῶμα κρεμάμενον κατάταcιν ποιεῖ-
ται, ὅ τε κρεμαcθεὶc ἅμα μὲν τῇ κατατάcει ἀναγκάζει ὑπεραιωρέεcθαι τὴν κεφα-
5 λὴν τοῦ μηροῦ ὑπὲρ τῆc κοτύληc, ἅμα δὲ τῷ ὀcτέῳ τοῦ πήχεωc ἀπομοχλεύει
καὶ ἀναγκάζει εἰc τὴν ἀρχαίην φύcιν ὀλιcθάνειν. ταῦτα μὲν ἐπὶ τοcοῦτον ὑπὸ τοῦ
Ἱπποκράτουc διαcεcάφηται· δεῖ δὲ τὸν προκείμενον καταρτιcμόν, καθάπερ ἔχει τὸ ὑποδεδειγ-
μένον ὑπόδειγμα, τὸν τρόπον τοῦτον ποιεῖcθαι.

(TABVLA XX)

10      Ἐπειδὴ πλειcτάκιc εἴρηκεν τὸν μηρὸν εἰc τὸ ἔcω μέροc ὀλιcθάνειν, καταλέγων πλείο-
ναc ἐμβολὰc ἐπὶ τούτου τοῦ τρόπου προcυπογέγραφεν. ἐχομένωc γὰρ τὴν διὰ τοῦ ἀcκοῦ
γινομένην ἐμβολήν, καίτοι γε οὐκ εὐαρεcτουμένην αὐτῷ κατὰ πᾶν, διὰ τούτων ἐκτέθειται
(IV 308 L)· εὐδοκιμεῖ δὲ καὶ ἀcκῷ τοῦτο τὸ ἄρθρον ἐμβάλλεcθαι· καὶ ἤδη μέν
τιναc εἶδον, οἵτινεc ὑπὸ φαυλότητοc καὶ τὰ ἔξω ἐκκεκλιμένα καὶ τὰ ἐc τοὔπιcθεν
15 ἀcκῷ ἐμβάλλειν ἐπειράθηcαν οὐ γινώcκοντεc [αὐτοῖc] ὅτι ἐξέβαλλον ⟨μᾶλλον⟩
ἢ εἰcέβαλλον. ὁ μέντοι πρῶτοc ἐπινοήcαc δῆλον ὅτι πρὸc τὰ εἴcω ὠλιcθηκότα·
ἀcκῷ ἐμβάλλειν ἐπειρήcατο. ἐπίcταcθαι μὲν οὖν χρὴ ὡc χρηcτέον ἀcκῷ, εἰ δέοι
χρῆcθαι· διαγιγνώcκειν δὲ χρὴ ὅτι ἕτερα πολλὰ ἀcκοῦ κρέccω. οὐ λίαν δὲ ἐγ-
κρίνων τὴν διὰ τοῦ ἀcκοῦ ἐμβολήν, ὅμωc περὶ αὐτῆc οὕτωc ἀποφαίνεται (IV 308 L)· χρὴ
20 δὲ τὸν ἀcκὸν ἐνθεῖναι ἐc τοὺc μηροὺc ἀφύcητον ἐόντα, ὡc ἂν οἷόν τε ἀνω-
τάτω πρὸc τὸν περίναιον ἄνω ἀνάγοντα, ἀπὸ δὲ τῶν ἐπιγουνίδων ἀρξάμενον
ταινίῃ πρὸc ἀλλήλουc τοὺc μηροὺc καταδῆcαι μέχρι τοῦ ἡμίcεωc, ἔπειτα δὲ εἰc
ἕνα τῶν ποδῶν τῶν λελυμένων ἐνθέντα αὐλὸν ἐκ χαλκείου φῦcαν ἀναγκάζειν
εἰc τὸν ἀcκόν· τὸν δὲ ἄνθρωπον πλάγιον κατακεῖcθαι, τὸ cιναρὸν cκέλοc ἐπι-
25 πολῆc ἔχοντα. ἡ μὲν παραcκευὴ αὕτη. cκευάζονται δὲ κάκιον οἱ πλεῖcτοι ἢ ὡc
ἐγὼ εἴρηκα. οὐ γὰρ καταδέουcι τοὺc μηροὺc ἐπὶ cυχνῶν, ἀλλὰ μόνον τὰ γού-
νατα, οὐδὲ κατατείνουcιν. χρὴ δὲ καὶ προκατατείνειν. ὅμωc δὲ ἤδη τινὲc ἐνέ-
βαλλον ῥηϊδίου πράγματοc ἐπιτυχόντεc. ὃν τρόπον δ' ἄν τιc χρήcαιτο τῇ διὰ τοῦ
ἀcκοῦ ἐνθέcει, τὸ ὑποτεταγμένον ὑπόδειγμα περιέχει.

30      (TABVLA XXI)

Ἐχομένωc δὲ ἄλληc ἐμβολῆc διὰ τούτων μνημονεύει (IV 314 L)· ἐμβάλλεται δὲ
μηροῦ ἄρθρον καὶ τόνδε τὸν τρόπον, ἢν ἐc τὸ εἴcω ὀλιcθῇ ἢ καὶ ἐc τὸ ἔμπροcθεν.

1 διηρημενην   ὀρθὼc   εξαπεινηc     2 ἐωρηθηναι     4 ὁ δὲ   ὑπερεωρειcθαι     5 πηχεοc
7 ὑποδεδειγμένον: aut ὑποτεταγμένον aut ὑποcγετραμμένον aut ὑποκείμενον scrib.     10 πληcτακηc
12 γενομομενην: corr. Dtz     14 φαυλοτιτοc   κεκλιμενα καὶ τα μη ειc τούπιcθεν     15 οἳ γινωcκοντεc
αυτοιc οτι εξεβαλλεν ἢ ειcεβαλλεν     16 ἔcω ολιcθηκοτα     18 χρειcθαι       κρεccω     19 εκκρινων: f.
servanda haec forma     20 ειc     ὡc ἂν οὖν ἦτε     22 τενιη     δὲ ἐν δυοιν ποδεοιν ὄντων λελυμενων
αυλω εκ χαλκιου φυcιεν ἀναγκάζειν     24 επιπολεῖc    25 τάχιον    γωνατα    28 επιτυχόντοc
31 εμαλλεται     32 ειc το εcω     ειc

κλίμακα χρὴ κατορύξαντα περικαθίcαι τὸν ἄνθρωπον, εἶτα τὸ μὲν ὑγιὲc cκέλοc
ἡcύχωc κατατείνοντα προcδῆcαι ὅπου ἂν ἁρμόcῃ, ἐκ δὲ τοῦ cιναροῦ εἰc κερά-
μιον ὕδωρ ἐγχέαc ἐκκρεμάcαι ἢ cφυρίδα λίθουc ἐμβαλών. [τ]ὸν τρόπον δὲ δεῖ
καὶ τὸν προκείμενον καταρτιcμὸν ποιεῖcθαι, ⟨ὑπόκειται⟩.

(Tabvla XXII)                                                    5

Ἐχομένωc δὲ καὶ ἄλλου τρόπου διὰ τούτων μνημονεύει (IV 314 L)· ἕτεροc τρό-
ποc ἐμβολῆc, ἣν εἰc τὸ ἔcω ὀλίcθῃ. cτρωτῆρα χρὴ διαθῆcαι μεταξὺ δύο cτύλων
ὕψοc ἔχοντα cύμμετρον.    προεχέτω δὲ τοῦ cτρωτῆροc κατὰ τὸ ἓν μέροc ὅcον τὸ
πυγαῖον.    περιδήcαc δὲ περὶ τὸ cτῆθοc τοῦ ἀνθρώπου ἱμάτιον ἐπικαθίcαι ἐπὶ
τὸ προέχον τοῦ cτρωτῆροc, εἶτα προcβάλλειν τὸ cτῆθοc πρὸc τὸν cτῦλον 10
πλατεῖ τινι.    ἔπειτα τὸ μὲν ὑγιὲc cκέλοc κατεχέτω τιc, ὡc μὴ περιcφάλληται,
ἐκ δὲ τοῦ cιναροῦ ἐκκρεμάcαι βάροc ὅcον ἁρμόζει.    δεῖ δὲ καὶ ταύτην τὴν ἐμβολὴν
οὕτωc καταρτίζεcθαι.

(Tabvla XXIII)

Ὃν τρόπον δὲ ἐπὶ ὤμου πλείοναc ἐμβολὰc τάξαc ἐπὶ πᾶcι κράτιcτον καταρτιcμὸν 15
κατεχώριcεν, οὕτωc καὶ ἐπὶ μηροῦ τὸ ὅμοιον πεποίηκεν.    ἀπὸ γὰρ τῶν ἁπλῶν ἐπὶ τὴν ὀργα-
νικὴν κατήντηκε κατάταcιν καὶ μοχλείαν, ἥτιc βιαιοτέραc ἀνάγκαc ἔχει καὶ πρὸc τῶν ἄλλων
⟨μ⟩ὲν ἄρθρων καταρτιcμὸν καὶ πρὸc μηροῦ δὲ ἐξηρθηκότοc ἐμβολάc.    ὅθεν ἐχομένωc τοῦ
Ἱπποκράτουc περὶ τῆc τοῦ ὀργάνου καταcκευῆc μνημονεύοντοc, πρότερον τὸ ὑπόδειγμά cοι
καταγραφήcεται, εἶτα αἱ γινόμεναι διὰ τούτου τοῦ μηροῦ ἐμβολαί.    διαcαφεῖ δὲ οὕτωc 20
(IV 296 L)· εἴρηκα δὲ καὶ πρόcθεν ἤδη ὅτι ἐπάξιόν ἐcτιc ἐν πόλει ⟨πολυ⟩ανθρώπῳ
ἰητρεύει, ξύλον κεκτῆcθαι τετράγωνον ὡc ἐξάπηχυ ἢ ὀλίγῳ μεῖζον, εὖροc δὲ
δίπηχυ· πάχοc δὲ ἀρκέcει cπιθαμιαῖον· ἔπειτεν κατὰ μῆκοc μὲν ἔνθεν καὶ ἔνθεν
τομὴν ἔχειν, ὡc μὴ ὑψηλοτέρη τοῦ καιροῦ ἡ μηχανὴ ᾖ· ἔπειτα φλιὰc βαθείαc
ἰcχυρὰc καὶ ἰcχυρῶc ἐνηρμοcμέναc ὀνίcκου ἔχειν ἑκατέρωθεν.    ἔπειτα ἀρκεῖ μὲν 25
ἐν τῷ ἡμίcει τοῦ ξύλου, οὐδὲν δὲ κωλύει καὶ διὰ παντὸc ἐντετμῆcθαι ὥcπερ
καπέτουc μακρὰc ἢ πέντε ἢ ἓξ διαλειπούcαc ἀπ' ἀλλήλων ὡc τέccαραc δακτύ-
λουc.    αὐτὰc δὲ ἀρκεῖ εὖροc τριδακτύλουc εἶναι καὶ βάθοc οὕτωc· ἔχειν δὲ κατὰ

2 cιναροῦ κεραμιον ὕδωρ ἐγχέαc εκκρεμάcαι ἢ cφυριδα λίθουc ἐμβαλών· τον τροπον δε δη καὶ:
corr. et suppl. Brinkmann        8 προcεχέτω        ὅcον πυγωνα scripserat m. prima; πυγαιον (in ras.
inde ab a litt.) m. recentior        9 περιδιcαc    ἐπικαθηcαι        11 τενι· επιτα        17 κατηντικεν
μοχλίαν· εἴ τιc: corr. Dtz    βιαιωτεραc    18 ἐναρθρων: correxi    διεξηρθηκότοc: correxi    εχομενοc
ν(sic)
19 μνημονευοντοc    ῾ὑποδιγμα    20 καταγραφιcεται· ειτε αι    21 εἴρικα    ωcτιc    πολει ανθρωπω
ιητρευη    22 ἢ ολιγω ἢ μειζων    23 cπηθαμιαιον    μικοc    24 υψηλοτερην    μηχανη ἢι· ἐπειτα
26 εντετμειcθαι

μέcον τὸ Εύλον καὶ καταγλυφὴν βαθυτέρην ἔτι τετράγωνον ὡс τριῶν δακτύλων·
καὶ ἐc μὲν τὴν καταγλυφὴν ταύτην, ὅταν ⟨δοκῇ⟩ προcδεῖν Εύλον ἐμπηγνύντα
ἐναρμόcον τῇ καταγλυφῇ, τὸ δὲ ἄνω cτρογγύλον ἐμπηγνύναι ὡc ἄν ποτε δοκῇ
cυμφέρειν, μεcηγὺ τοῦ περιναίου καὶ τῆc κεφαλῆc τοῦ μηροῦ. τοῦτο τὸ Εύλον
5 ἐcτεὸc κωλύcει τὴν ἐπίδοcιν ἐπιδιδόναι τὸ cῶμα τοῖc πρὸc ποδῶν ἔλκουcιν.
ἐνίοτε γὰρ ἀρκέcοι ἄν αὐτὸ τὸ Εύλον τοῦτο ἀντὶ τῆc ἄνωθεν ἀντικατατάcιοc·
ἐνίοτε δὲ καὶ κατατεινομένῳ ἔνθεν καὶ ἔνθεν αὐτὸ τὸ Εύλον τοῦτο χαλαρὸν
ἐγκείμενον ἐν τῇ ῥοπῇ ἐκμοχλεύειν ἐπιτήδειον ἄν εἴη τὴν κεφαλὴν τοῦ μηροῦ
ἐc τὸ ἔξω μέροc. διὰ τοῦτο γὰρ καὶ αἱ κάπετοι ἐντέτμηνται, ὡc καθ' ὁποίην ἄν
10 αὐτέων ἁρμόcῃ, ἐμβαλλόμενοc ὁ Εύλινοc μοχλὸc μοχλεύει ἢ παρὰ τὰc κεφαλὰc
τῶν ἄρθρων ἐρειδόμενοc ἅμα τῇ κατατάcει ἥν τε ἐc τὸ ἔξω μέροc ⟨cυμφέρῃ⟩
ἐκμοχλεῦcαι καὶ ἥν τε cτρογγύλον τὸν μοχλὸν cυμφέρῃ εἶναι ἥν τε πλάτοc
ἔχοντα. ἄλλοc γὰρ ἄλλῳ τῶν ἄρθρων ἁρμόcει· εὔχρηcτοc δέ ἐcτιν ἐc πάντων
⟨τῶν⟩ ἄρθρων ἐμβολὴν τῶν κατὰ τὰ cκέλεα αὕτη ἡ μόχλευcιc cὺν τῇ κατατάcει.
15 περὶ οὗ μὲν οὖν ὁ λόγοc ἐcτὶν, cτρογγύλοc ἁρμόcει ὁ μοχλὸc εἶναι. τῷ μέντοι
ἔξωθεν ἐκπεπτωκότι ἄρθρῳ πλατὺc ἁρμόcει εἶναι· ἀπὸ τούτων τῶν μηχανῶν
καὶ ἀναγκέων οὐδὲν ἄρθρον μοι δοκέει οἷόν τε εἶναι ἀπορηθῆναι ἐμπεcεῖν. ἡ
μὲν οὖν ὑπὸ τοῦ Ἱπποκράτουc γεγενημένη τῆc ὀργανικῆc cανίδοc ἐπίνοια διὰ τούτων cεcή-
μανται. ἡ δὲ τούτου τοῦ ὀργάνου καταcκευὴ τὸν ὑποδεδειγμένον τρόπον ἔχει.

20 (Tabvla XXIV)

Ἡ μὲν τοῦ ὀργάνου καταcκευὴ τοῦτον ἔχει τὸν τρόπον. ὁ δὲ ἐπ' αὐτοῦ γινόμενοc
τοῦ μηροῦ καταρτιcμὸc διὰ τῶν ἐχομένων ὑποδειχθήcεταί cοι. οὐ γὰρ μόνον οἴεται ἐπὶ τῆc
εἰc τὸ ἔcω τοῦ μηροῦ ἐξαρθρήcεωc τὴν ἐπὶ τῆc προκειμένηc cανίδοc κατάταcιν καὶ μοχλείαν
ἀρκεῖν, ἀλλὰ καὶ ⟨ἐπὶ τῶν ἄλλων⟩ ἐπιπηccομένων ἐξ ἑκατέρου μέρουc φλιῶν ἐχουcῶν κλι-
25 μακτῆρα καὶ πλαγίου τοῦ ἀνθρώπου κατατεινομένου. προφέρεται δὲ ἐχομένωc περὶ αὐτοῦ
τὸν τρόπον τοῦτον (IV 300 L)· ἔχοι ἄν τιc καὶ ἄλλουc τρόπουc τοῦ ἄρθρου τούτου
ἐμβολῆc. εἰ γὰρ τὸ Εύλον τὸ μέγα τοῦτο ἔχοι κατὰ μέcον κατὰ πλάγιον φλιὰc
δύο ὡc ποδιαίαc, ὕψοc δὲ ὅπωc δοκοίη cυμφέρειν, τὴν μὲν ἔνθεν, τὴν δὲ ἔνθεν,
καὶ ἔπειτα Εύλον πλάγιον ἐνείη ἐν ταῖc φλιαῖc ὥcπερ κλιμακτήρ, ἔπειτα ἤδη
30 ἐρείcειε τὸ ὑγιὲc cκέλοc μεcηγὺ τῶν φλιῶν, τὸ δὲ cιναρὸν ἄνωθεν τοῦ κλιμακ-
τῆροc ἔχοι ἐναρμόcον ἀπαρτὶ πρὸc τὸ ὕψοc καὶ [τὸ] πρὸc τὸ ἄρθρον ⟨ἡ⟩ ἐκπεπ-
τώκει· ῥήδιον δὲ ἁρμόcει· τὸν κλιμακτῆρα ὑψηλότερόν τινι χρὴ ποιεῖν τοῦ

2 ενηγνυντα    3 ενηπηγνυνται    5 εcται· ὡc κωλυcει    ἐπιδοcιν (επι in rasura m. prima)
6 ενειοτε    αυτω    7 ενειοτε    αυτω    8 ενκειμενον εν τη ρωπη    9 ειc    καπεδοι    10 ἀρ-
μογει    11 εριδομενοc    εἰc    13 αλλωc γαρ αλλωc των    15 cτρογγυλον αρμοcειεν    16 πλατοιc
απο ἴου τουτων (sic)    17 αναγκαιον    απορηθηνα ἐμπεcειν    18 ἀπό: correxi    19 κατεcκευει
22 οἴεται εἰc το ἔcω τηc επι του μηρου εξαρθρηcεωc: correxi    23 μοχλιαν    24 επιπιcωμενων εξ εκα-
τερουc μηρουc φλεῖων: corr. Dtz; supplevi ego    28 cυμφερει    30 εριcειε    μεccηγυ    31 και τό
προc τω αρθρον εκπεπτοκη    32 ἁρμωcη    ὑψιλοτερον

LIBER TERTIVS 23

μετρίου, καὶ ἱμάτιον πολύπτυχον, ὡς ἂν ἁρμόσῃ, ὑποτείνειν ὑπὸ τὸ cῶμα. ἔπειτα
χρὴ Εὔλον ἔχον τὸ πλάτος μέτριον καὶ μῆκος ἄχρι τοῦ cφυροῦ ὑποτεταμένον
ὑπὸ τὸ cκέλος εἶναι ἱκνούμενον ἐπέκεινα ἐπὶ τῆς κεφαλῆς τοῦ μηροῦ, ὡς οἷόν
τε· προσκαταδεδέςθαι δὲ πρὸς τὸ cκέλος ὁποσαχῶς ἂν μετρίως ἔχῃ· καὶ ἔπειτα
κατατεινομένου τοῦ cκέλους, εἴτε Εὔλῳ ὑπεροειδεῖ εἴτε τούτων τινὶ τῶν κατα-  5
ταςίων ὁμοῦ καταναγκάζεςθαι τὸ cκέλος περὶ τὸν κλιμακτῆρα ἐς τὸ κάτω μέρος
cὺν τῷ Εὔλῳ τῷ προσδεδεμένῳ· τὸν δέ τινα κατέχειν τὸν ἄνθρωπον ἀνωτέρω
τοῦ ἄρθρου κατὰ τὸ ἰσχίον. καὶ οὕτως ἡ κατάταςις ἅμα μὲν ὑπεραιωρέοι ἂν τὴν
κεφαλὴν τοῦ μηροῦ ⟨ὑπὲρ τῆς κοτύλης, ἅμα δὲ ἡ μόχλευσις ἀπωθέοι τὴν κεφα-
λὴν τοῦ μηροῦ⟩ εἰς τὴν ἀρχαίαν φύσιν τοῦ μηροῦ. αὗται πᾶσαι αἱ εἰρημέναι 10
ἀνάγκαι ἰσχυραὶ καὶ κρέςςους τῆς cυμφορῆς, ἤν τις ὀρθῶς καὶ καλῶς cκευάζηται.
ὥςπερ δὲ καὶ πρόςθεν ἤδη εἴρηται, πολὺ ἀπὸ ἀσθενεστέρων καταταςίων καὶ
φαυλοτέρης κατασκευῆς πλείστοιςιν ἐμπίπτει. θαυμάζω δὲ ἐπὶ τοῖς τὴν πολυθρύλ-
λητον ἀνατομὴν ἐναγκαλιζομένοις Ἡροφιλείοις, μάλιστα δὲ ἐπὶ Ἡγήτορι. ἐν γὰρ τῷ περὶ
αἰτιῶν περὶ μηροῦ ἐΕαρθρήσεως οὕτως ἐμέμνητο τὰ ὑποτεταγμένα διασαφῶν· διὰ τί δὲ 15
οὐκ ἐπιβάλλονται Ζητεῖν ἄλλην τινὰ ἐμβολὴν τῆς τοῦ μηροῦ κεφαλῆς παρὰ τὰς
νυνὶ καταπεπτωκυίας, καθ᾽ ἣν ὅταν ἐκπέςῃ ἐμβληθεῖσα μένει, οἱ μόνον αὐτῇ τῇ
τριβῇ προσχρώμενοι, θεωροῦντες ἐκ τοῦ ἀνὰ λόγον ἐμβαλλόμενα καὶ μένοντα
τήν τε κάτω ςιαγόνα καὶ τὴν τοῦ βραχίονος κεφαλήν, ἔτι δὲ ἀγκῶνα καὶ γόνυ
καὶ τῶν δακτύλων ἕκαστον καὶ σχεδὸν τὰ πλεῖστα τῶν εἰθισμένων ἐκπίπτειν 20
ἄρθρων; οὐδὲν γὰρ ἔχοντες αὐτοῖς ἐπιλογίςαςθαι, διὰ τί ποτε μόνον τοῦτο
τῶν ἄρθρων ἐκπεςὸν καὶ πάλιν ἐμβληθὲν οὐ δύναται μένειν, τῷ δὲ πλεονάκις
ἐπὶ τῶν λοιπῶν ἄρθρων γινομένῳ προσχρησάμενοι ἥΕουσιν κατά τι πιθανὸν
ἐπὶ τὸ νομίςαι, μή ποτε ὑπάρχῃ βελτίων ἐμβολή, καθ᾽ ἣν δυνήσεται μένειν τὸ
ἄρθρον, ἐχόμενοι τοῦ κατὰ τὸ πλεῖστον ἐπὶ τῶν λοιπῶν cυμβαίνοντος. εἰ δὲ 25
ἐπενόηςαν τὴν αἰτίαν ἐΕ ἀνατομῆς, διότι cυμβέβηκεν ἐκ τῆς κεφαλῆς τοῦ μηροῦ
νεῦρον ἐκπεφυκέναι, ὃ ἐμφύεται εἰς μέςην τὴν κοτύλην· οὗ μένοντος μὲν ἀδύ-
νατόν ἐστιν ἐκπεςεῖν τὸν μηρόν· διασπαςθὲν δὲ οὐκ ἐνδέχεται cύμφυςιν λαβεῖν·
μὴ γεγενημένης δὲ τῆς cυμφύςεως, ἀδυνατεῖ πάλιν κατὰ χώραν μένειν τὸ
ἄρθρον, ὥστε φανερᾶς τῆς αἰτίας γενομένης ἀποστῆναι καθόλου τοῦ ἐμβάλλειν 30
ἐκπεσόντα μηρὸν καὶ μὴ κατακολουθεῖν ἀδυνάτοις ἐπιβολαῖς. ἐν τούτοις ὁ Ἡγήτωρ

---

2 ἔχοντα πλάτος   μῖκος   5 υπερωειδῆ   6 εἰς   8 ὑπερωραῖοι   9 μηρεου   εἰριμεναι
11 ἰσχυραὶ κατα   13 ἐμπίπτη   14 πολυθρυλυτον: corr. Dtz   ἡροφιλίοις: corr. Dtz
ηγητορος: ᾽f. Ἡγήτορι᾽ Dtz   15 εμεμνητω   17 π. τ. ν. καταπεπτωκυίας i. e. ᾽praeter eas, quae
nunc disputatione mea refutatae conciderunt᾽; respicit Hegetor ad ea, quae antea exposuerat   μενη:
μένει Dtz; f. μενεῖ   οἱ μόνον αὐτῇ τῇ τριβῇ προσχρώμενοι medici sectae empiricae   18 ἀνάλογον:
correxi   19 ςιαγωνα   22 τῶν ἄρθρων scripserat m. prima; τὸ ἄρθρον in rasura m. recentior   πλεονάκις: corr. Dtz   ἔΕουςιν: correxi   24 νομίςαι: νοῆςαι Brinkmann   βελτειον ex
βελτειων fecit m. recentior ὑπάρχη: f. ὑπάρχει ἐχόμενον: corr. Brinkmann   τὼ ἄρθρον   24—29 simile
anacoluthon Philo mech. synt. p. 56, 50 sq. Th.   27 εἰςπεφυκέναι: correxi   ἀδυνατεῖν: corr. Dtz
29 χώρην: corr. Dtz

οὐ μόνον πεπλάνηται, ἀλλὰ καὶ τοὺς φιλιατροῦντας ὅσον ἐφ' ἑαυτῷ διέστροφεν. ἔτι δὲ καὶ τῶν
ὑπὸ Ἱπποκράτους ἐν τῷ περὶ ἄρθρων εἰρημένων οὐδαμῶς κεκράτηκεν, ἀλλὰ καὶ ἀπὸ ἀνομο-
λόγων τὴν ἐπιχείρησιν ἐν τοῖς προκειμένοις εὐηθέστερον συνέσταται· ἵνα δὲ μὴ πολυγραφῶμεν,
κεφαλαιώδεις τὰς πρὸς αὐτὸν ὑπομνήσεις ποιησόμεθα. οἱ γὰρ αὐτῇ μόνῃ τῇ τριβῇ προσχρώ-
5 μενοι, μένοντες ἐπὶ τῶν ἐμπείρως παρατετηρημένων, οὔθ' ὁμολογήσουσιν, ὅτι καθόλου μηρὸς
ἐξαρθρήσας καταρτισθεὶς πάλιν ἐκπίπτει, οὔτε πάλιν ἐμβολὴν παρήσονται, ποτὲ τοῦ προκειμένου
μὴ κρατηθέντος. εἰ δὲ τοῦτο ἀληθές ἐστιν, ὅπερ καὶ βούλεται, οὐδ' ἂν οὕτως ἐγενήθησαν οἱ τῇ
παρατηρήσει συγχρώμενοι, ἀλλ' ὃν τρόπον καὶ τὰ ἐπὶ τῶν ⟨λοιπῶν⟩ ἄρθρων αὐτοῖς τεθεώρηται,
οὕτως καὶ τὰ ἐπὶ μηροῦ ἰδίως παρακολουθοῦντα κατειλῆφθαι πιθανόν ἐστιν, ὥστε μὴ βου-
10 λεύεσθαι ⟨αὐ⟩τοὺς τῇ γνώμῃ ζητοῦντας βελτίονα ἐμβολήν, μένειν δὲ ἐπὶ τοῦ θεωρηθέντος ἐμ-
πείρως. ὅτι δὲ μηρὸς ἐξαρθρήσας καὶ ἐντεθεὶς πάλιν κατ' ἀνάγκην ἐκπίπτει, οὔτε τὸ γινό-
μενον οὔθ' ἡ τῶν ἀρχαίων ἱστορία τοῦτο περιέχει. εἰ γάρ τινι καὶ ἄλλῳ, περὶ τῶν ἄρθρων
ἐπιμελὲς γέγονεν καὶ Ἱπποκράτει· οὕτω δὲ φιλαλήθης ὑπάρχων καὶ τὰ ἐπὶ τῶν λοιπῶν ἰδιώ-
ματα διασαφῶν οὐδὲν περὶ μηροῦ δεδήλωκεν ὅτι οὐκ ἂν δύναιτο καθόλου κρατεῖσθαι, ἀλλ'
15 ἐκ τῶν ἐναντίων ἐμπεπνευμάτωκέν πως ἐπὶ τῶν τοῦ μηροῦ ἐμβολῶν, ὥστε καὶ ὀργανικὴν
ἐπίνοιαν ποιήσασθαι. καὶ ἔτι γε ἐπὶ τῶν μὴ κρατηθέντων καθ' ἕκαστον ἐξαρθρήσεως τρόπον
τὴν παρακολουθοῦσαν ἐν τῇ πηρώσει χωλείαν ἐκτέθειται. καὶ ἐπὶ ὤμου δὲ τὸ παραπλήσιον
ἱστορῶν οὕτως φησίν (IV 112 L)· οἷς δ' ἂν ὦμος καταπορηθῇ ἐμβληθῆναι — καὶ πάλιν
οὕτως (IV 114 L)· οἷς δ' ἂν ἀνδράσιν ἤδη ἐούσιν ἐκπέσῃ ὦμος καὶ μὴ ἐμβληθῇ. εἰ
20 δέ ποτέ φησιν μὴ κρατεῖσθαι τὴν τοῦ μηροῦ ἐξάρθρησιν, τὸ ἐναντίον τε πάλιν γίνεσθαι παρ-
ίστησιν. οὐκ ἐπὶ μὲν γὰρ τῆς πεπαλαιωμένης τοῦ ὤμου ἐξαρθρήσεως τὸ συμβαῖνον ἐπιγράφει
ἐπὶ δὲ μηροῦ τὸ γινόμενον παρέπεμψεν ἄν, καὶ ταῦτα τὴν πρόγνωσιν ἐν ἀναγκαίῳ τιθέμενος
χάριν τοῦ τὴν τῶν ἰδιωτικῶν ἐκφυγεῖν μέμψιν. ἀλλὰ μὴν ἐν τῷ ἐπὶ πᾶσιν ὤμου καταρτισμῷ
οὕτως ἐκτέθειται (IV 92 L)· τὰ μὲν οὖν νεαρὰ ἐμπίπτει [τε] θᾶσσον ⟨ἢ⟩ ὡς ἄν τις
25 οἴοιτο. ἀτὰρ καὶ τὰ παλαιὰ μόνη αὕτη τῶν ἐμβολέων οἵη τε ἐμβιβάσαι. καὶ ἐπι-
λέγει τινὰ οὕτως διὰ τῶν ἐφεξῆς (IV 92 L)· οὐ μὴν ἀλλ' ἐμβάλλειν γάρ μοι δοκεῖ καὶ
οὕτως πεπαλαιωμένον βραχίονα. τί γὰρ ⟨δι⟩καίη μόχλευσις οὐκ ὀνήσειεν; μένειν
μέντοι γε οὐκ ἄν μοι δοκοίη κατὰ χώρην ἀλλ' ὀλισθαίνειν ἐς τὸ ἐκτός. εἰ τοίνυν
μηρὸς ἐξαρθρήσας καὶ ἐντεθεὶς οὐκ ἔμενεν κατὰ χώραν, οὔτε ἂν πλείονας καὶ ποικίλας ἐμ-
30 βολὰς ἐκτέθειτο πρὸς τὸ μηδὲν φιλοτεχνῶν οὔτ' ἂν ἀπέστη τοῦ τὴν ἀλήθειαν σημᾶναι. ὅτι
γὰρ ἐν τοῖς τοιούτοις μάλιστά πως φιλαλήθως ἵσταται, ὃ καὶ κατατρέχει τῶν ἀλαζονικώτερον
ἱσταμένων ἐν τοῖς καταρτισμοῖς ἰατρῶν, δι' ὧν φησιν οὕτως ἐν τοῖς αὐτοῖς ἐπὶ ῥάχεως

---

1 διέστρεφεν: correxi    2 ἅμα: correxi    ἀποανομολογων: ἄπορον ὁμολογῶν Dtz    3 συνίστα-
ται: correxi    πολυτραφομεν: correxi; πολὺ γράφωμεν Dtz    5 παρατετηρημενων    6 ἐκπίπτη
παρέονται: corr. Dtz    7 ἐγενήθησαν: f. ἐπενόησαν    8 ⟨λοιπῶν⟩ Brinkmann    10 τοὺς τῇ: corr.
Brinkmann    ἐμπείρος    11 γεινόμενον (ειν in rasura) corr.    12 ἢ γὰρ: corr. Dtz    13 ἱπποκρατη:
corr. Dtz    τὰς    15 ἐκπεπνευμάτωκεν: correxi    16 ἔτι του του μηρου ἐβολῶν: corr. Dtz    17 χωλίαν
ἐκτέθηται    18 καταπωρηθῇ    20 τε: correxi    21 ἐπιγράφει recte tradi videtur; cf. Demosth. de
corona 13    22 τιθέμενον: corr. Dtz    24 εμπιπτει τε θᾰσσον ως αν τις ιθοιτο    25 οἴηται ενβιβάσαι
26 ενβαλλειν    δωκει    27 βραχιονα (β in rasura scripsit m. prima)    28 δοκοιεν    ὀλισθανειν ες το
εθος    31 ἀλαζονικοτέρων

κυφώcεωc πάρεcτι cκοπεῖν (IV 182 L)· τοῦτο μὲν γὰρ αἱ ἐν τῇ κλίμακι κατατάcιεc οὐχ ἕνα πω ἐξίθυναν, ὧν ἐγὼ οἶδα. χρῶνται δὲ οἱ ἰητροὶ αὐτῇ μάλιcτα οὕτωc ἐπιθυμοῦντεc ἐκχαυνοῦν τὸν πολὺν λαόν. τοῖcι γὰρ τοιούτοιc θαυμαcτά ἐcτιν, ἂν ἢ κρεμάμενον ἢ ῥιπτούμενον ἴδωcιν ἢ ὅcα τοιούτοιc ἔοικεν καὶ ταῦτα κληῖ-Ζουcιν ἀεὶ καὶ οὐκέτι αὐτοῖc μέλει ὁποῖόν τι ἀπέβη ἀπὸ τοῦ χειρίcματοc εἴτε 5 κακὸν εἴτε ἀγαθόν. οἱ μέντοι ἰητροὶ οἱ τὰ τοιαῦτα ἐπιτηδεύοντεc cκαιοί εἰcιν, οὕc τε ἐγὼ ἔγνων. καὶ ἐπὶ ποcὸν διελθὼν πάλιν λέγει (IV 184 L)· αὐτὸc μέντοι κατη-cχύνθην πάντα τὰ τοιουτότροπα ἰητρεύειν διὰ τοῦτο ὅτι πρὸc ἀπατεώνων μᾶλλον οἱ τρόποι οἱ τοιοῦτοι. ὅμωc δὲ μετὰ ταῦτα τὸν τρόπον ὑπογράψαc, εἰ δέοι διὰ τῆc κλίμακοc κατασείειν, οὐδαμῶc τῆc ἀληθείαc ἀφιcτάμενοc οὕτωc ἐκτίθεται (IV 188 L)· αἰcχρὸν 10 μέντοι ἐν πάcῃ τέχνῃ καὶ οὐχ ἥκιcτα ἐν ἰητρικῇ πολὺν ὄχλον παραcχόντα καὶ πολλὴν ὄψιν καὶ πολὺν λόγον ἔπειτα μηδὲν ὠφελῆcαι. οὐ τῆc Ἱπποκράτουc τοίνυν ψυχῆc ἦν ἐπὶ μὲν τῶν προκειμένων οὕτωc διεcτάλθαι, ἐπὶ δὲ μηροῦ τῷ παραπληcίῳ τρόπῳ cυγχρώμενον ἀπράκτωc μηδὲν προcπεποιῆcθαι. ἀλλὰ μὴν περὶ τῆc πρώτηc ἐμβολῆc διαcαφῶν οὕτωc ἐνῆρκται (IV 288 L)· μηροῦ δὲ ὀλίcθημα κατ' ἰcχίον ὧδε χρὴ ἐμβάλλειν, ἢν 16 εἰc τὸ ἔcω μέροc ὠλιcθήκῃ. ἀγαθὴ μὲν κατὰ φύcιν καὶ δικαίη ἐμβολὴ καὶ δή τι ἀγωνιcτικὸν ἔχουcα, ὅcτιc τε καὶ τοῖc τοιούτοιc ἥδεται κομψευόμενοc. κρεμάcαι χρὴ τὸν ἄνθρωπον πρὸc μεcόδμην. ἀλλ' εἴπερ οὗτοc ὁ τῆc ἐμβολῆc τρόποc ἢ καὶ τινὲc τῶν διηριθμημένων ὑπ' αὐτοῦ πρὸc τὸ μηδὲν ἦcαν ἐπινενοημένοι, πάντωc ἂν ἐδήλωcεν, ὃν τρόπον καὶ ἐπὶ τῆc τῶν cπονδύλων διορθώcεωc λέγων οὕτωc (IV 212 L)· ἔγραψα ἐπί- 20 τηδεc τοῦτο. καλὰ γὰρ ταῦτα τὰ μαθήματά ἐcτιν, ἃ πειρηθέντα ἀπορηθέντα ἐφάνη καὶ διὰ τί ἠπορήθη. οὐ μὴν ἀλλ' ἐπεὶ μάλιcτά πωc περιεργότερον ἐπὶ τῶν μὴ κρατηθέντων περὶ τὴν ἐξάρθρηcιν μηρῶν τὰ παρακολουθοῦντα διηρίθμη[ν]ται, cκεψώμεθα 8 ἐπιφωνεῖ ἐπὶ τῆc εἰc τὸ ὀπίcω τοῦ μηροῦ ἐξαρθρήcεωc. καθάπερ δὲ καὶ ἐπὶ τῶν λοιπῶν τρόπων, τὸ παραπλήcιον καὶ ἐπὶ τοῦ προκειμένου οὕτωc προκατακεχώρικεν (IV 248 L)· ᾧ μὲν 25 οὖν ἂν τετελειωμένῳ ἤδη ἐκπεcὸν μὴ ἐμπέcῃ. καὶ πάλιν οὕτωc (IV 252 L)· οἷc δ' ἂν ἐκ γενετῆc ἢ ἄλλωc πωc ἀναυξήτοιc ἔτι οὖcιν ὀλίcθη τὸ ἄρθρον καὶ μὴ ἐμπέcῃ. εἰ δ' ἐπὶ παcῶν τῶν τοῦ μηροῦ ἐξαρθρήcεων τὸ μὴ κρατεῖcθαι παρηκολούθει, οὐκ ἂν ποτε ἐπὶ τῶν μὴ καταρτιcθέντων τὰ τῆc παρεζευγμένηc χωλείαc ἰδιώματα διηρίθμητο. ἀλλὰ τὰ μὲν ἐπὶ τῶν ⟨μὴ⟩ κρατηθέντων δηλούμεν⟨α⟩ cυνακτικὰ καθίcταται τοῦ καταρτίζεcθαι 30 μηρὸν ἐξαρθρήcαντα· οὐ μὴν ἀλλ' ἵνα μὴ ματαιοπόνοc φαίνηται [μὴ] ἐπὶ τῶν καταρτιcθέντων ⟨ἀλλὰ μὴ μενόντων⟩ ἐν ταῖc χώραιc ἐπ' ἀκριβὲc διεληλυθώc, οὕτωc μεθ' ὑπεξαιρέcεωc ἐπιλέγει (IV 252L)· φαίη μὲν οὖν ⟨ἄν⟩ τιc ἔξω ἰατρικῆc τὰ τοιαῦτα εἶναι. τί γὰρ [τι] δῆθεν δεῖ

---

1 γὰρ θέντι κλίμακι    2 ουχ' ἐν απωεείθυναν    των    6 ἰητροὶ οὐ τὰ    cκεοι    7 ἔγνου
ποcιν: corr. Dtz    κατιcχυνθην    8 τοιουτωτροπα    τουτω    απαταιονων    10 κατασείην
12 ὠφελειcαι    13 ἦν: correxi    14 cυγχρομενον απρακτωc: corr. Dtz    προc πεποιεcθαι    16 ὠλιcθηκη
17 ὅcτιc τε    18 οὕτωc    20 cφονδύλων    21 ἀπειρηθέντα    23 διηριθμηνται: corr. Dtz    ἐπιφωνη
25 προκατακεχωρηκεν    26 ἂν τελειωμενον    26 et 27 ἐνπεcῃ    28 παρακολουθη: correxi
30 κρατηθέντων: ⟨μὴ⟩ adieci    δηλοῦμεν et καθιcταθαι: correxi    f. τοῦ καταρτίζεcθαι ⟨δύναcθαι⟩
31 ματαιωπονοc: correxi    μὴ ἐπὶ τῶν κρατηθέντων: correxi; supplevit Brinkmann coll. p. 29, 7
32 ὑπεξερεcεωc: corr. Dtz    33 οὖν της    τί γάρ τι δῆθεν

APOLLONIVS.    4

περὶ τῶν ἤδη ἀνηκέστων γεγονότων προεΕυνιέναι; πολλοῦ δὲ δεῖ οὕτως ἔχειν· τῆς
γὰρ αὐτῆς γνώμης καὶ ταῦτα συνιέναι· οὐ γὰρ οἷόν τε ἀπαλλοτριωθῆναι ἀπ' ἀλλή-
λων. δεῖ μὲν γὰρ τὰ ἀκεστὰ μηχανᾶσθαι, ὅπως μὴ ἀνήκεστα ἔσται, συνιέντα ὅπῃ
ἂν μάλιστα κωλύῃ ἐς τὸ ἀνήκεστον ἐλθεῖν. δεῖ δὲ τὰ ἀνήκεστα συνιέναι, ὡς μὴ
5 μάτην λυμαίνηται. τὰ δὲ προρρήματα λαμπρὰ καὶ ἀγωνιστικὰ ἀπὸ τοῦ γινώ-
σκειν, ὅπῃ ἂν ἕκαστα καὶ ὁπότε καὶ ὅπως τελευτήσει, ἤν τε ἐς τὸ ἀκεστὸν τρά-
πηται ἤν τε εἰς τὸ ἀνήκεστον. τούτων δὲ οὕτως ἐχόντων, εἴπερ μηρὸς ἐξαρθρήσας καὶ
καταρτισθεὶς οὐκ ἔμενεν κατὰ χώραν, ῥητῶς ἂν ὁ ἰατρὸς τὸ τοῦ πράγματος ἀνίατον, χάριν
τοῦ μὴ πλανᾶσθαι ἡμᾶς, σεσημάγκει. μή ποτ' οὖν οἱ τὴν ἐναντίαν δόξαν ἐσχηκότες καὶ τῆς
10 τῶν ἄρθρων καὶ τῆς τῶν νεύρων φύσεως καὶ τοῦ σύμπαντος περὶ τούτων ἀπείρως ἔχουσιν
λόγου; ὁ γὰρ ἰατρὸς ἐπὶ τῶν ῥᾳδίως ἢ πάλιν δυσκόλως ἐξαρθρούντων τε καὶ καταρτιζο-
μένων ἄρθρων καὶ τὴν φυσικὴν καταβολὴν καὶ τὴν καθ' ἕξιν εὔστασιν καὶ τὴν τῶν νεύρων
σκληρίαν ἢ ἐπίδοσιν μεθ' ὑγρότητος ᾐτίαται, ὥστε καὶ ἐπὶ τῶν κατὰ τὸν μηρὸν ἐξαρθρήσεων,
ἐάν ποτε μὴ κρατηθῇ, μὴ διὰ τὸ [μὴ] σπασθῆναι τὸ νεῦρον τοῦτο συμβαίνειν, ἀλλὰ διὰ τὴν
15 φυσικὴν τῶν νεύρων ἔκλυσιν ἢ ἐπίδοσιν, ὡς ἐπὶ τῶν βοῶν τὰ ἄρθρα ταῦτα φύσει χαλαρὰ
αὐτοὺς ἔχειν φησὶν (IV 98 L)· οὐ μὴν ἀλλ' ἵνα μὴ πολυγραφῶ, καὶ περὶ τούτων ἐν συντό-
μοις τὰ λεγόμενα δηλώσομεν.

Ἐν ἀρχῇ τοίνυν τῆς πραγματείας ἐπὶ ὤμου ἐξαρθρήσεως καταρτισμοῦ τὴν μνείαν
ποιούμενος οὕτως ἐκτίθεται (IV 94 L)· ὅτι φύσιες φυσίων μέγα διαφέρουσιν ἐς τὸ
20 ῥηιδίως ἐμπίπτειν τὰ ἐκπίπτοντα· διενέγκοι μὲν γὰρ ἄν τι καὶ κοτύλη κοτύλης,
ἡ μὲν εὐπέρβατος ἐοῦσα, ἡ δὲ καὶ ἥσσων. πλεῖστον δὲ διαφέρει τῶν νεύρων ὁ
ἔνδεσμος, τοῖς μὲν ἐπιδόσεις ἔχων, τοῖς δὲ συνδεδεμένος. καὶ γὰρ ἡ ὑγρότης
τοῖς ἀνθρώποις γίγνεται ἡ ἐκ τῶν ἄρθρων διὰ τὴν τῶν νεύρων ἀπάρτισιν, ἣν
χαλαρά τε ᾖ φύσει καὶ ἐπιτάσιας εὐφόρως φέρῃ. συχνοὺς γὰρ ἄν τις ἴδοι, οἳ
25 οὕτως ὑγροί εἰσιν, ὥστε ὁπόταν ἐθέλωσιν, ἐξίσταται ἀνωδύνως. διαφέρει μέντοι
τι καὶ ἕξις σώματος. τοῖς μὲν γὰρ εὖ ἔχουσιν καὶ γυῖον [καὶ] σεσαρκωμένον ἐκ-
πίπτει ⟨τε ἧσσον ἐμπίπτει⟩ τε χαλεπώτερον. ὅταν δὲ αὐτοὶ ἑωυτῶν λεπτοὶ καὶ
ἄσαρκοι ἔωσι, τότε ἐκπίπτει τε μᾶλλον, ἐμπίπτει τε ῥᾷον· σημεῖον δὲ ὅτι ταῦτα
οὕτως ἔχει καὶ τόδε. τοῖσι γὰρ βουσὶν οἱ μηροὶ τότε ἐκπίπτουσιν ἐκ τῆς κοτύ-
30 λης, ἡνίκα ἂν αὐτοὶ ἑωυτῶν λεπτότατοι ἔωσιν. ταῦτα ὑπομένουσιν ἐπὶ πάντων τῶν
ἄρθρων κοινῶς, καὶ οὐκ ἐπὶ μόνου ὤμου εἰρῆσθαι διαληπτέον. οὐ μὴν ἀλλὰ καὶ αὐτὸς διὰ
τῶν ἑπομένων οὕτως πεποίηκεν φανερόν, συνοικειῶν τὸν λόγον (IV 260 L)· μηροῦ δὲ καὶ

---

1 γεγονός τι προεΕυνιεναι    δὲ δή    οἴονται    3 τὰ ἕκαστα    4 ἐς τον ἀνηκεστον    ἀνικεστα
5 λυμηνηται    προβλήματα    6 ὅπη αν ἀκεστα    7 ἀνικεστον    10 ἔχουσιν: ἔχωσι Dtz
11 ραδεΙως    δυσκωλως    13 ἐπιδοσιν (ο inrasura m. prima)    ᾐτιαται: αἰτιᾱται Dtz    ως δε: corr.
Dtz    14 τῶν μηρων: corr. Dtz    [μή] seclusi    15 φυσει ex φυσι fecit m. prima    16 πολύγραφω:
correxi    18 καταρτισμοῦ τὴν μνείαν ποιούμενος iungenda    20 ῥηιδειως (ex ῥηιδιως fecit m. prima)
ἐκπιπτειν    διενεγκε    21 ἢν μὲν ευρυπερβατος (sic)    22 ἐπιδοσει ἔχων, οἱς δὲ    23 ἀπάρτησιν
25 ὁποτ'αν αν ἐθέλωσιν    26 καὶ σεσαρκομένον: seclusi [καὶ]    28 ὡσιν    ενπιπτει    ταυτα (primam
litteram supra lineam adscripsit m. prima)    29 τοῖς    31 εἰρεισθαι    32 συνοικιων: corr. Dtz

LIBER TERTIVS 27

βραχίονος κεφαλαὶ παραπληςιώταται ὀλιςθάνουςιν· εἶτ' εἰρομένωc οὐ περὶ τοῦ τό
νεῦρον ἀποcπαcθῆναι τὴν μνείαν ποιεῖται, ἀλλὰ περὶ τῆς τῶν ἄρθρων κεφαλῆς καὶ τῶν
κοιλωμάτων τῶν δὴ κοτυλῶν λεγομένων ὅτι παραπλήcιαί εἰcιν, ὅθεν ἐπιλέγει ταυτί (IV 262 L)·
διὰ τοῦτο οὐκ ἔcτιν αὐτοῖc τὸ ἥμιcυ ἐκcτῆναι τοῦ ἄρθρου· εἶτ' ἐπιφέρει (IV 262 L)·
περὶ οὗ οὖν ὁ λόγος ἐcτίν, ἐκπίπτουcιν τελείως, ἐπεὶ ἄλλως γε οὐκ ἐκπίπτουcιν·  5
ὁμοίως δὲ καὶ ταῦτα ὀτὲ μὲν πλεῖον ἀποπηδᾷ ἀπὸ τῆς φύcιος, ὀτὲ δὲ ἔλαccον,
μᾶλλον δ' ἔτι μηρὸc τοῦτο βραχίονος πέπονθεν. ἱκανῶc δὲ ἔχειν νομίζομεν πρὸc τὴν
cύcταcιν τὰc προκειμέναc ἐκλογάc. οὐ μὴν ἀλλ' ὀλίγων ἔτι λειπομένων καὶ ταῦτα προcκατα-
τάξομεν.  κοινότερον μὲν γὰρ ἐπὶ πάντων ἱcτάμενος οὕτως φηcίν (IV 142 L)· ὅcα γὰρ
νεῦρα καὶ μύες παρὰ ἄρθρα ἐcτὶν ἢ ἀπὸ ἄρθρων ἀφ' ὧν cυνδέδεται, τούτων ὅcα 10
ἐν τῇ χρήcει πλειcτάκιc διακινεῖται ταῦτα καὶ ἐc τὰc κατατάcιαc ἐπιδιδόναι
δύναται, ὥcπερ καὶ τὰ δέρματα τὰ εὐδεψητότα⟨τα⟩ πλείcτην ἐπίδοcιν ἔχει.  μή ποτε
οὖν καὶ τὸ ἐπὶ τῶν ἐξαρθρήcεών ποτε δύcεργον ἢ καὶ ἀνίατον γινόμεν⟨ον⟩ οὐ παρὰ νεύρου
διαcπαcμὸν εἴη cυμβαῖνον, ἀλλὰ παρὰ τὸ μᾶλλον ἐξαρθρεῖν· cαφῶc γε οὖν ἐν τοῖc αὐτοῖc
οὕτως διαcαφεῖται (IV 260 L)· ὡς μὲν οὖν ἐν κεφαλαίῳ εἰρῆcθαι, τὰ ἄρθρα ⟨τὰ⟩ ἐκ- 15
πίπτοντα καὶ τὰ ὀλιcθαίνοντα διccῶc αὐτὰ ἑωυτοῖc ἐκπίπτει τε καὶ ὀλιcθάνει,
ὀτὲ μὲν πολὺ πλεῖον, ὀτὲ δὲ πολὺ ἔλαccον.  καὶ οἷc μὲν ⟨ἂν⟩ πλεῖον ἢ ἐκπέcῃ ἢ
ὀλίcθῃ, χαλεπώτερα ἐμβιβάζειν τὸ ἐπίπαν ἐcτί, καὶ ἢν μὴ ἐμβιβαcθῇ, μείζουc
καὶ ἐπιδηλοτέραc τὰc πηρώcιαc ⟨καὶ⟩ κακώcιαc ἴcχει τὰ τοιαῦτα.
   Τούτων δὲ οὕτως εἰρημένων, ἐπανελευcτέον ἐcτὶν ἐπὶ τὸν προκείμενον τῆς τοῦ 20
μηροῦ ἐμβολῆς τρόπον, ἀφ' οὗ καὶ τὴν παρέκβαcιν ἐποιηcάμεθα· ὑποδείξαc γὰρ Ἱπποκράτης,
ὅτι τοῖc πλείcτοις ἐνίοτε ῥᾳδίως χωρὶc βίας μηρὸc ἐξαρθρήcαc καταρτίζεται, οὕτως ἑπομένως
προcδιεcάφηκεν (IV 292 L)· εἴρηνται μὲν οὖν τρόποι κατατάcεων καὶ ἐν τοῖc ἔμ-
προcθεν εἰρημένοιc· χρῆcθαι δὲ οἷc ἄν τιc παρατύχῃ. ἵνα δὲ μὴ ἐπὶ πάντων τὸ τοῦ
καταρτιcμοῦ ἔργον ῥᾴδιον εἶναι διαλαμβάνηται, τὸν τρόπον τοῦτον ἑξῆc προcδιεcάφηκεν 25
(IV 292 L)· δεῖ γὰρ ⟨ἂν⟩ ἀντικατατετάcθαι ἰcχυρῶc, ἐπὶ μὲν θάτερα τὸ cκέλος,
ἐπὶ δὲ θάτερα τὸ cῶμα.  ἢν γὰρ εὖ καταταθῇ, ὑπεραιωρηθήcεται ἡ κεφαλὴ τοῦ
μηροῦ ὑπὲρ τῆς ἀρχαίης ἕδρηc.  καὶ μετ' ὀλίγον φηcίν (IV 294 L)· ἀλλὰ ἐλλείπουcι
γὰρ ἐν τῇ κατατάcει· διὰ τοῦτο ὄχλον πλείω παρέχει ⟨ἡ⟩ ἐμβολή· ὥcτε μὴ καθόλου,
ἀλλὰ καὶ ποτὲ διὰ τὴν ἐπὶ πλεῖον ἐξάρθρηcιν, καὶ ῥυέντος δέ τιcιν παρὰ τὸν ἐν τῇ κατα- 30
τάcει [δὲ] χειριcμόν, μὴ καταρτίζεcθαι μηρὸν ἐξαρθρήcαντα.  ἀκολούθως δὲ τῇ κατὰ τὴν
δίκην προκειμένῃ λέξει προcανακεφαλαιούμενος τὰc περὶ τοῦ μηροῦ ἐξαρθρήcεως καταρτιcμοῦ
διὰ τούτων διαcαφεῖ (IV 292 L)· ὥcπερ μὲν οὖν καὶ πρόcθεν ἤδη εἰρήκαμεν, μέτα

1 εἰθ' εἰρομένωc: correxi; εἰθ' ἑπομένωc Dtz   2 αρθρων (θρων in rasara scripsit m. recentior)
3 παραπλήcιοι: correxi   4 αὐταιc   7 εχει: corr. Dtz   9 καινότερον: correxi   11 πληcτακηc
12 ευδεψητοτα· πλειcτην   13 ανιατου γινομενου παρα: correxi   14 ⟨ἂν⟩ adieci   cαφῶc τε: corr.
Dtz   15 ειρειcθαι   16 αυτα ἐν αὐτοιc   ολιcθανει   18 ἐμβιβαζειν   μὴν ἐνβιβαcθῇ   18 τὰc πληρω-
ciac κακωcιαc ιcχη   20 επανελεcτέον: corr. Dtz   τὸ προκείμενον: corr. Dtz   22 καταρτίζεcθαι: corr.
Dtz   23 προc διαcεcαφικεν   26 γὰρ ἂν ἀντικατατετάcθαι: corr. Dtz   27 κατατεθῇ ὑπερεωρηθηcεται
28 αρχαιας   31 κατάταcει δε χηριcμον: corr. Dtz   τὴν κατα: corr. Dtz   32 προcανακεφαλουμενος
τὰc cc. λέξειc· τούc . . καταρτιcμούc Dtz   33 ειρηκαμεν παρα το: f. in archetypo παρα ad κατα-
cκευης vocem (p. 28, 2) corrigendam in mg. adscriptam errore huc tractam est

4*

τὸ διαφέρον ἐςτὶν τῶν φύςεων τοῖς ἀνθρώποις εἰς τὸ εὐέμβλητα καὶ δυςέμβλητα
εἶναι τὰ ἄρθρα. ἐνίοις γὰρ μηρὸς ἐμπίπτει ἀπ' οὐδεμιῆς καταςκευῆς, ἀλλ'
ὀλίγης μὲν κατατάςιος ὅςον ταῖς χερςὶ κατιθῦναι· πολλοῖς δὲ cυγκάμψαςιν τὸ
ςκέλος κατὰ τὸ ἄρθρον ἐνέπεςεν ἤδη ἀμφίςφαλςιν ποιηςάμενον. ἀλλὰ γὰρ τὰ
5 πλείω οὐδὲν ἀκούει ἀπὸ τῆς τυχούςης παραςκευῆς. διὰ τοῦτο ἐπίςταςθαι μὲν
χρὴ περὶ ἑκάςτου ἐν πάςῃ τέχνῃ, χρῆςθαι δὲ οἷς ἂν δοκῇ ⟨....⟩ (IV 312 L)· χρὴ
περὶ πλείςτου ποιεῖςθαι ἐν πάςῃ τέχνῃ, [χρῆςθαι δ'] ὅπως ὑγιῆ ποιήςειε τὸν
νοςέοντα. εἰ δὲ πολλοὺς τρόπους οἷόν τε εἴη ὑγιέα ποιεῖιν, τὸν ἀοχλότατον
χρὴ αἱρεῖςθαι. καὶ γὰρ ἀνδραγαθικώτατον τοῦτο καὶ τεχνικώτατον ἄν τις ὑπο-
10 λάβοι, ὅςτις μὴ ἐπιθυμεῖ δημοειδέος κιβδηλίης. ὁ δὴ διὰ πάντων τούτων δεόντως
καὶ φιλαλήθως περὶ μηροῦ ἐξαρθρήςεως διεςταλμένος πῶς ςημαίνει, εἴπερ μὴ καταρτιςθεὶς
ἐπέμενεν, ἀλλὰ πάλιν ἐξήρθρει, καταςιωπῆςαι; ἀλλ' οὐχὶ πᾶν τοὐναντίον ὤφειλεν τὸ ςυμ-
βαῖνον δηλῶςαι;

Τὰ μὲν οὖν πρὸς Ἡγήτορα ἐν κεφαλαίοις περὶ τῆς τοῦ μηροῦ ἐξαρθρήςεως ἀναγ-
15 καίως ἔχοντα ῥωςθῆναι ταῦτ' ἐςτιν, τὴν δὲ διὰ τῆς προκειμένης ὀργανικῆς ςανίδος ἐμβολὴν
ἐπὶ τοῦ εἰς τὸ ἔςω μέρος ὠλιςθηκότος μηροῦ τὸν ὑποτεταγμένον διὰ τοῦ ὑποδείγματος τρό-
πον χρὴ ποιεῖςθαι.

(TABVLA XXV)

Περὶ μὲν οὖν τοῦ μηροῦ εἰς τὰ ἔςω ἐξαρθρήςεως τὰς προκειμένας ςημειώςεις τε καὶ
20 ἐμβολὰς κατακεχώρικεν· περὶ δὲ τῶν λοιπῶν τρόπων διὰ τῶν ἐχομένων μνημονεύων πρό-
τερον περὶ τῆς εἰς τὸ ἔξω μέρος ἐξαρθρήςεως οὕτως ὑπογέγραφεν (IV 238 L)· ὅςοις δ'
ἂν εἰς τὸ ἔξω μηροῦ κεφαλὴ ἐκβῇ, βραχύτερον μὲν τὸ ςκέλος φαίνεται παρατει-
νόμενον παρὰ τὸ ἕτερον εἰκότως. οὐ γὰρ ἐπὶ τὸ ὀςτέον ἡ ἀνάβαςις τῇ κεφαλῇ
τοῦ μηροῦ ἐςτιν ὥςπερ ὅτε εἴςω ἐξέπιπτεν, ἀλλὰ ἂν παρὰ τὸ ὀςτέον παρακεκλι-
25 μένην τὴν φύςιν ἔχον ἐν ςαρκὶ ἐνςτηρίζηται ὑγρῇ καὶ ὑπεικούςῃ, διὰ τοῦτο μὲν
βραχύτερον φαίνεται· ἔςωθεν δὲ ὁ μηρὸς παρὰ τὴν πλιχάδα καλεομένην κυλλό-
τερος καὶ ἀςαρκότερος φαίνεται· ἔξωθεν δὲ ὁ γλουτὸς κυρτότερος, ἅτε ἐς τὸ
ἔξω τῆς κεφαλῆς τοῦ μηροῦ ὠλιςθηκυίης. ἀτὰρ καὶ ἀνωτέρω φαίνεται ὁ γλουτός,
ἅτε ὑπειξάςης τῆς ςαρκὸς τῇ τοῦ μηροῦ κεφαλῇ· τό τε παρὰ τὸ γόνυ τοῦ μηροῦ
30 ἔςω ῥέπον φαίνεται καὶ ἡ κνήμη καὶ ὁ πούς. ἀτὰρ οὐδὲ ςυγκάμπτειν ὥςπερ τὸ
ὑγιὲς ςκέλος δύναται. τὰ μὲν ςημεῖα ταῦτα τοῦ ἔξω ἐκπεπτωκότος μηροῦ. οἷς
μὲν οὖν ἂν ἤδη τετελειωμένοις ἐκπεςὸν τὸ ἄρθρον μὴ ἐμπέςῃ, τούτοις μὲν βρα-
χύτερον φαίνεται τὸ ςύμπαν ςκέλος· ἐν δὲ τῇ ὁδοιπορίῃ τῇ μὲν πτέρνῃ οὐ

1 εὐμετάβλητα    2 κατασκευῆς    5 ἀκούη    6 supplendum: ⟨καὶ πάλιν⟩ vel simile aliquid
7 ποιησθαι    χρεῖσθαι δ' ex vs. sup. errore iterata seclusi    8 οἴονται εἴη    ὕγιεα    9 ἐρειςθαι
ἀνδραεθικωτατον    10 ἐπιθυμῆ    δημοειδεος κιβδηλιος    δεόντος: corr. Dtz    11—13 nondum per-
sanata    12 cυμβᾶν ὣ δηλῶcαι: correxi; ὣ delevit Dtz    15 ρωcθῆναι (i. e. confirmari) recte tradi puto;
ρηθῆναι Dtz    16 ολιcθηκοτος    21 δᾶν    23 εικοτος    η αναβαcιc η κεφαλη του    24 εcω (εc in
rasura m. recentior)    25 ἐνcτηρίζεται    26 κοιλοτεροc    27 εἰc    28 ολιcθηκυίηc    ὁ μηρος ἅτε
υπηΕαcηc    30 κνίμη    31 εκπεπτοκοτοc    32 ἐκπεcὸν ex ἐμπεcὸν fecit m. prima    ἄρθρον ἢ ἐμπέcη

δύνανται καθικνεῖσθαι ἐπὶ τὴν γῆν, τῷ δὲ στήθει τοῦ ποδὸς βαίνουσιν ὀλίγον ἐπὶ τὴν γῆν· εἰς ⟨δὲ⟩ τὸ ἔсω ῥέπουσιν ἄκροις [δὲ] τοῖς δακτύλοις. ὀχεῖν δὲ τὸ сῶμα δύναται τὸ сιναρὸν σκέλος τούτοις πολλῷ μᾶλλον ἢ οἷς ἂν εἰς τὸ εἴсω μέρος ἐκπεπτώκῃ. οὐ μόνον δὲ ἐπὶ τῶν τελείων, ἀλλὰ καὶ ἐπὶ τῶν ἔτι ὄντων ἐν αὐξήσει ἐπὶ πάσης μηροῦ ἐξαρθρήσεως, ὅταν μὴ κρατηθῇ, τὰ [μὴ] παρακολουθοῦντα διῃρίθμηται, ἃ δὴ 5 παρήσομεν· τοῦτο δὲ μόνον εἰς ὑπόμνησιν ἀκτέον, διότι εἰ καθόλου μηρὸς ἐξαρθρήσας καὶ καταρτισθεὶς οὐκ ἐπέμενεν ἐν τῇ κατὰ φύσιν χώρᾳ, σαφῶς ἂν αὐτὸς ὁ Ἱπποκράτης σεσημάγκει, πάντα τε τὰ ἀποβαίνοντα ἐμπείρως περὶ τὴν ἐξάρθρησιν ταύτην ἐκτεθειμένος, καὶ ἐπὶ τῶν μὴ κρατηθέντων γραφικῶς σφόδρα [ἢ] αὐτῆς τῆς ἀληθείας τὰς ἀπορίας ὑπογεγραφώς, ἃ δὴ σημαίνει, καθάπερ ὑποδεδείχαμεν, μὴ ματαιοπόνον γεγονέναι μηδὲ ἀνωφελεῖς καταρτισμοὺς 10 ἐκτεθεῖσθαι. τοῦ προκειμένου δὲ τῆς ἐξαρθρήσεως τρόπου τὴν ἐμβολὴν οὕτως φησὶ ποιεῖσθαι (IV 302 L)· ἢν δὲ εἰς τὸ ἔξω μέρος τοῦ μηροῦ ἡ κεφαλὴ ὀλίσθῃ, τὰς μὲν κατατάσιας ἔνθα καὶ ἔνθα οὕτως χρὴ ποιεῖσθαι ὥσπερ εἴρηται ἢ τοιουτοτρόπως· τὴν δὲ μόχλευσιν πλάτος ἔχοντι μοχλῷ μοχλεύειν χρὴ ἅμα τῇ κατατάσει ἐκ τοῦ ἔξω μέρους ἐς τὸ ἔσω ἀναγκάζοντα, κατ᾽ αὐτόν τε τὸν γλουτὸν τιθέμενον τὸν 15 μοχλὸν καὶ ὀλίγῳ ἀνωτέρω. ἐπὶ δὲ τὸ ὑγιὲς ἰσχίον κατὰ τὸν γλουτὸν ἀντιστηριζέτω τις ταῖς χερσίν, ὡς μὴ ὑπείκῃ τὸ сῶμα ἢ ἑτέρῳ τοιούτῳ μοχλῷ ὑποβάλλων καὶ ἐρείσας ἐκ τῶν καπέτων τὴν ἁρμόζουσαν ἀντικατεχέτω· τοῦ δὲ μηροῦ τοῦ ὠλισθηκότος τὸ παρὰ τὸ γόνυ ἔξωθεν εἴσω ἡσύχως παραγέτω. ἡ δὲ κρέμασις οὐχ ἁρμόζει τούτῳ τῷ τρόπῳ τῆς ὀλισθήσεως τοῦ ἄρθρου· ὁ γὰρ πῆχυς 20 τοῦ ἐκκρεμαμένου ἀπωθοίη ἂν τὴν κεφαλὴν τοῦ μηροῦ ἀπὸ τῆς κοτύλης. τὴν μέντοι σὺν τῷ ξύλῳ τῷ ὑποτεινομένῳ μόχλευσιν μηχανήσαιτ᾽ ἄν τις, ὥστε ἁρμόσαι τούτῳ τῷ τρόπῳ τοῦ ὀλισθήματος ἔξωθεν προσαρτέων. ἀλλὰ τί καὶ ⟨δεῖ πλείω λέγειν;⟩ ἢν γὰρ ὀρθῶς μὲν καὶ εὖ κατατείνηται, ὀρθῶς δὲ μοχλεύηται, τί ἂν οὐκ ἐμπέσοι ἄρθρον οὕτως ⟨ἐκπεπτωκός; ...⟩ ἐκπεπτωκότος διαφεύγοι ἂν εἰ ὀρθῶς 25 μὲν καὶ εὖ κατατείνοιτο, ὥστε καὶ ἐφ᾽ οὗ ποιεῖται τὸν λόγον μηροῦ καταρτίζεσθαι. εἰ δὲ τοῦτο μὴ φήσουσιν δυνατὸν γίνεσθαι, πάλιν δὲ ἐξαρθρεῖν, παντελῶς εὐήθεις ἔσονται. ὁ γὰρ Ἱπποκράτης πικρῶς πάντα παρατετηρηκὼς καὶ τοῦτ᾽ ἂν ἡμῖν εἰς ἐμφάνειαν ἀγηόχει· πλὴν ὅ τε καταρτισμὸς τοῦ εἰς τὸ ἔξω ἐκπεσόντος μηροῦ οὕτως ἂν διὰ τοῦ ὑποδείγματος ἐπιτελοῖτο.

(ΤΑΒVLA XXVI) 30

Περὶ δὲ τῆς εἰς τὸ ὄπισθεν μέρος [τῆς] ἐξαρθρήσεως οὕτως ὑποδέδειχεν (IV 244 L)· οἷς δὲ ἂν [ἢ] εἰς τὸ ὄπισθεν ἡ κεφαλὴ τοῦ μηροῦ ἐκπέσῃ, ὀλίγοις δὲ ἐκπίπτει,

---

1 το δὲ    2 δὲ transposui ὀχεῖν    3 τοῦτ᾽ εἰ πολλω ἔсω    5 [μὴ] seclusi; μὲν Dtz    7 σεσημανκει    9 [ἢ] seclusit Dtz; an σφόδρα τι?    10 ματαιόπονον    13 τοιουτοτροπος    14 εἰς το ἔξω μερος ες το ἔсω    16 ανοτερω    18 καπεδων    αντικάτωχε δε μήποτε τοῦ μηροῦ του ωλισθηκοτος    19 εсω ἢ ουχως παραγετω m. prima (ς ex ο fecit m. recentior)    21 αποθέοι    22 cvν το    μοχλευсειν μηχανης ἀπαν τις    23 πρὸς ἀκτέον    24 και μην γὰρ    ἐτι ἂν    25 lacunam ante ἐκπεπτωκότος indicavi; μὲν deleverim    26 εἰ δὲ μὴ τοῦτο μὲν φήσουσιν: correxi; μὴ adscriptum ut corrigeretur μὲν    οἳ ante τοῦτο inserebat Dtz    28 εμφανειαν ex εμφανιαν fecit m. prima    ἀπώχειι correxi    31 τῆς del. Dtz    32 ἐκπέσοι

οὗτοι ἐκτανύειν οὐ δύνανται τὸ cκέλος οὔτε κατὰ τὸ ἄρθρον τὸ ἐκπεςὸν οὔτε
κατὰ τὴν ἰγνύην, ἀλλ' ἥκιςτα τῶν ἐκπαλέων οὗτοι ἐκτανύουςιν καὶ τὸ κατὰ τὸν
βουβῶνα ⟨καὶ τὸ κατὰ τὴν ἰγνύην⟩ ἄρθρον ⟨....⟩ (IV 246 L)· περὶ οὗ ὁ λόγος,
οὔτε ἐκτανύειν δύνανται, ὥςπερ ἤδη εἴρηται, βραχύτερόν τε τὸ cκέλος φαίνεται.
5 καὶ μετά τινας ἀριθμοὺς ταῦτ' ἐπιλέγει· κάμπτειν μέντοι δύνανται, ὅςον μὴ ὀδύνη
κωλύει, καὶ ἡ κνήμη τε καὶ ὁ ποὺς ἐπιεικῶς ὀρθὰ φαίνεται, οὔτε τῇ οὔτε
τῇ ἐκκεκλιμένα. κατὰ ⟨δὲ⟩ τὸν βουβῶνα δοκεῖ τι ἡ cὰρξ λαπαρωτέρη εἶναί ποτε
καὶ ψαυομένη, ἅτε τοῦ ἄρθρου ἐπὶ τὰ ἕτερα ὠλιcθηκότος. κατὰ δὲ αὐτοῦ τὸ
πυγαῖον διαψαυομένη ἡ κεφαλὴ τοῦ μηροῦ δοκεῖ τι ἐξογκεῖν μᾶλλον. τὰ μὲν
10 cημεῖα ταῦτα, ᾧ ἂν εἰc τὸ ὄπιcθεν ἐκπεπτώκῃ. πάλιν δὲ καὶ ἐπὶ ταύτης τῆς ἐξαρθρή-
cεως περὶ τῶν μὴ κρατηθέντων διὰ πλειόνων μέμνηται, ἃ δὴ παρέντες αὐτὸ μόνον ⟨......⟩
οὕτως προςτάξομεν (IV 248 L)· ὅτεῳ μὲν οὖν τετελειωμένῳ ἤδη ἐκπεcὸν μὴ ἐμπέςῃ,
ὁδοιπορεῖν μὲν δύναται, ὅταν χρόνος ἐγγένηται καὶ ἡ ὀδύνη παύςηται καὶ
ἐθιcθῇ τὸ ἄρθρον ἐν τῇ cαρκὶ ἐνcτροφᾶcθαι. ἀναγκάζεται μέντοι ἰcχυρῶς ἐγκάμ-
15 πτων κατὰ τοὺς βουβῶνας ὁδοιπορεῖν διὰ διccὰς προφάcιας. περὶ μὲν οὖν τῆς
cημειώcεως καὶ τῶν ἀποβαινόντων ταῦτα ἐξηρίθμηται· περὶ δὲ τῆς ἐμβολῆς διὰ τούτων cεcή-
μαγκεν (IV 304 L)· οἷς δὲ εἰc τὸ ὄπιcθεν ὁ μηρὸς ἐκπεπτώκει, τὰς μὲν κατατάcιας
καὶ ἀντιτάcιας οὕτως δεῖ ποιεῖcθαι, ὥcπερ ἤδη εἴρηται· ὑποcτρώcαντα δὲ ὑπὸ
τὸ ξύλον ἱμάτιον πολύπτυχον μαλθακώτατον πρηνέα κατακλίναντα τὸν ἄνθρω-
20 πον οὕτως κατατείνειν, ἅμα δὲ τῇ κατατάcει χρὴ τῇ cανίδι καταναγκάζειν τὸν
αὐτὸν τρόπον ὥcπερ τὰ ὑβώματα κατ' ἴξιν τοῦ πυγαίου ποιηcάμενον τὴν cανίδα
μᾶλλον τὸ κάτω μέρος ἢ ἐc τὸ ἄνω τῶν ἰcχίων. καὶ ἡ ἐντομὴ ἐν τῷ τοίχῳ τῇ
cανίδι μὴ εὐθεῖα ἔcτω, ἀλλ' ὀλίγον καταφερὴς πρὸς τὸ τῶν ποδῶν μέρος. αὕτη
ἡ ἐμβολὴ κατὰ φύcιν μάλιcτα τῷ τρόπῳ τούτῳ τοῦ ὀλιcθήματός ἐcτιν καὶ ἅμα
25 ἰcχυροτάτη. δεῖ δὲ τὴν τοῦ προκειμένου ἄρθρου ἀποκατάcταcιν τῷ τρόπῳ τούτῳ ποιεῖcθαι.

(TABVLA XXVII)

Ἔτι δὲ τῆς προκειμένης ἐξαρθρήcεως καταρτιcμοῦ τρόπον τοιοῦτόν τινα ὑπογέγρα-
φεν (IV 306 L)· ἀρκέcειε δ' ἂν ἴcως ἀντὶ τῆς cανίδος καὶ ἐφεζόμενόν τινα ἢ ταῖς
χερcὶν ἐρειcάμενον ἢ ἐπιβάντα ἐξαπίνης ἐπαιωρηθῆναι ἅμα τῇ κατατάcει. ἄλλη
30 δὲ οὐδεμία ἐμβολὴ τῶν πρόcθεν εἰρημένων κατὰ φύcιν ἐcτὶν τῷ τρόπῳ τούτῳ
τοῦ ὀλιcθήματος. αὗται δὲ πᾶcαι δίκαιαι. οὐκ ἀναγκαῖον δὲ ἔcται πάντα τὰ ὑποδείγματα
ἐπὶ τούτων τάccειν. ἐν γὰρ τῷ πρὸ τούτου βιβλίῳ παραπληcίως ἐπὶ τῶν cφονδύλων ὑπο-
δεδείχαμεν· ὅθεν ἐν τούτοις ἐφ' ἑνὸς μόνου τοῦ διὰ τῶν χειρῶν γινομένου τρόπου cτάντες

---

2 ἄλλη μάλιcτα τῶν ἔκπαλαι ὧν· οὗτοι      τον κατα      3 lacunam indicavi ⟨καὶ πάλιν⟩ sim.
excidisse ratus      6 κνήμη      ορθως      8 ὀλιcθηκοτος      11 ⟨τὸ καίριον⟩ vel sim. supplenda      12 προ-
τάξομεν: correxi      ενπέcη      13 δυναται      εγγενηται      14 εθειcθη      ενκαμπτων et οδοπορειν
15 δηccας      16 cεcημανκεν      17 τοιcιν δε      19 μαλθακότατον πρηναία κατακλιναι      21 κατήξειν
τη cανιδα (sic)      22 τυχω      24 το τροπω τουτο: τὸν τρόπον τοῦτον Dtz      29 εξαπεινης επεωρηθηναι
30 ουδεμιας      31 δικαιε      32 τὸ προ

ὑπογράφομεν. τὸ γὰρ αὐτὸ ἐπιτελοῖτ' ἂν ὁτὲ μὲν ἐφεζομένων, ὁτὲ δὲ ἐπιβαινόντων τῷ
ποδὶ καὶ ἐποχουμένων τινῶν. τὸ ὑπόδειγμα τοῦτο⟨ν⟩ ἂν ἔχοι τὸν τρόπον.

(TABVLA XXVIII)

Περὶ δὲ τῆς λειπομένης μηροῦ ἐξαρθρήςεως οὕτως μέμνηται (IV 254 L)· οἷς δ' ἂν
εἰς τὸ ἔμπροςθεν κεφαλὴ μηροῦ ἐκπέςῃ, ὀλιγάκις δὲ τοῦτο γίγνεται, οὗτοι ἐκ-  5
τανύειν μὲν τὸ σκέλος οὐ δύνανται τελείως, ςυγκάμπτειν δὲ ἥκιστα οὗτοι δύναν-
ται τὸ κατὰ τὸν βουβῶνα. πονέουςι δὲ καὶ ἤν κατὰ τὴν ἰγνύην ἀναγκάζωνται
ςυγκάμπτειν, μῆκός τε τοῦ σκέλους παραπλήςιον φαίνεται κατὰ μὲν τὴν πτέρνην
καὶ πάνυ· ἄκρος δὲ ὁ ποὺς ἧςςον προκύπτειν θέλει εἰς τὸ ἔμπροςθεν· ὅλον δὲ
τὸ σκέλος ἔχει τὴν εὐθυωρίαν τὴν κατὰ φύςιν καὶ οὔτε τῇ οὔτε τῇ ῥέπει. ὀδυ-  10
νῶνται δὲ τὸ αὐτίκα εἶναι οὗτοι μάλιστα καὶ οὖρον ἴςχεται τὸ πρῶτον τούτοις
μᾶλλόν τι ἢ τοῖς ἄλλοις ἐξαρθρήμαςιν. ἔγκειται γὰρ ἡ κεφαλὴ τοῦ μηροῦ ἐγγυ-
τάτω τούτοις τῶν τόνων τῶν ἐπικαίρων, περὶ ὧν οἶδας, καὶ κατὰ μὲν τὸν βου-
βῶνα ἐξογκέον καὶ κατατεταμένον τὸ χωρίον φαίνεται, κατὰ δὲ τὸ πυγαῖον
ςτολιδωδέςτερον καὶ ἀςαρκωδέςτερον. ταῦτα ςημεῖα τὰ εἰρημένα, ᾧ ἂν οὕτως  15
ἐκπεπτώκῃ. ὅςοις μὲν οὖν ⟨ἂν⟩ ἤδη ἠνδρωμένοις τοῦτο τὸ ἄρθρον ἐκπεςὸν μὴ
ἐμπέςῃ, οὗτοι ὅταν αὐτοῖς ἡ ὀδύνη παύςηται καὶ τὸ ἄρθρον ἐθιςθῇ ἐν τῷ χωρίῳ
ςτρέφεςθαι ἵνα ἐξέπεςεν, οὗτοι δύνανται ςχεδόν τι ὀρθοὶ ὁδοιπορεῖν ἄνευ ξύλου.
καὶ τὰ λοιπὰ δὲ ἑξῆς τὰ παρακολουθοῦντα καὶ τὰ ἐπὶ τῶν ἔτι ἐν αὐξήςει ὄντων περιέργως
διῃρίθμηται, ἃ παρέντες ἐπὶ τὸν τῆς ἐμβολῆς τρόπον ἐπανάξομεν· ἐκτέθειται δ' αὐτὸν 20
οὕτως· ἢν δὲ εἰς τὸ ἔμπροςθεν ἐξολίςθῃ, τῶν μὲν καταταςίων ὁ αὐτὸς τρό-
πος ποιητέος· ἄνδρα δὲ χρὴ ὡς ἰςχυρότατον ἀπὸ χειρῶν καὶ ὡς εὐπαιδευτότατον
ἀνερείςαντα τὸ θέναρ τῆς ἑτέρης χειρὸς παρὰ τὸν βουβῶνα καὶ τῇ χειρὶ τῇ
ἑτέρῃ τὴν ἑωυτοῦ χεῖρα προςκαταλαμβάνοντα ἅμα μὲν ἐς τὸ κάτω μέρος ὠθέειν
τοῦ ὀλιςθήματος, ἅμα δ' ἐς τοὔμπροςθεν τοῦ γούνατος μέρος. οὗτος ὁ τρόπος  25
ἐμβολῆς κατὰ φύςιν μάλιστα τούτῳ τῷ ὀλιςθήματι. ταῦτα μὲν οὕτως ἐκτέθειται. δεῖ
δὲ διὰ τοῦ ὑποκειμένου ὑποδείγματος τὸν εἰς τὸ ἔμπροςθεν ἐξαρθρήςαντα μηρὸν οὕτως
ἐντιθέναι.

(TABVLA XXIX)

Ἐπεὶ δὲ οὐ μόνον τὸν προκείμενον καταρτιςμὸν ἐπὶ τοῦ εἰς τὸ ἔμπροςθεν ἐξαρθρή- 30
ςαντος μηροῦ κατακεχώρικεν, ἀλλὰ καὶ τὸν ἐπὶ κεφαλῆς γινόμενον καταρτιςμὸν ςυνεπιδεῖται
τὸ κατὰ φύςιν ἐπὶ τῷ αὐτῷ τρόπῳ τοῦτον διείληφεν, ἀναγκαῖον ἂν εἴη καὶ ταύτην τὴν
ἐμβολὴν ὑποτάξαι πρὸς τὸ μηδέν ςε τῶν πρὸς τὰ προκείμενα εἰρημένων διαλαθεῖν. διαςαφεῖ

---

1 ὑπογράφωμεν: corr. Dtz    2 τουτο: corr. Dtz    6 εc    ὀλήγα δε ταυτα    7 ἀπονέουςιν
ἀναγκαζονται    9 ακρωc    10 σκέλλος    11 τω αυτίκα ειναι ουτω    12 ένκειται    13 τουτοιςι
14 ἐξογκαῖον    20 ἀπεροντες: corr. Dtz    ἐπαναξωμεν: correxi    21 εc    22 ποιητεωc    23 ἀνε-
ρηςαντα    24 προκαταλαμβανοντα    ὁθεειν    26 οὕτως    27 δυ^T i. e. οὕτως; οὖν Dtz    32 το κατα:
'conjicio: cυνεπιδεῖ τε τῷ κ. φύςιν καὶ ἐπὶ' Dtz; emendatio incerta    33 ὑποταξω

δὲ περὶ αὐτῶν διὰ τῶν ἐχομένων τούτων (IV 308 L)· ἀτὰρ καὶ ὁ κρεμαςμὸς ἐγγύς τι
τοῦ κατὰ φύςιν. δεῖ μέντοι τὸν ἐκκρεμάμενον ⟨ἔμπειρον⟩ εἶναι, ὡς μὴ ἐκμοχ-
λεύειν τῷ πήχει τὸ ἄρθρον, ἀλλὰ κατὰ μέςον τὸν περίναιον καὶ κατὰ τὸ ἱερὸν
ὀςτέον τὴν ἐκκρέμαςιν ποιητέον. ὁ δὲ καταρτιςμὸς ὁ διὰ τοῦ κρεμαςμοῦ οὕτως ⟨ἂν⟩
5 ἐπιτελοῖτο.

(TABVLA XXX)

Περὶ μὲν οὖν μηροῦ ἐξηρθρηκότος ςημειώςεών τε καὶ ἐμβολῶν καὶ τῶν τούτων ὑπο-
δειγμάτων, ὃν τρόπον προεθέμεθα, καθ' Ἱπποκράτην δεδήλωταί ςοι· περὶ δὲ γόνατος καὶ
ςφυροῦ τῷ τὸν καταρτιςμὸν αὐτῶν ἁπλούςτερον εἶναι οὐ δυνατὸν δι' ὑποδειγμάτων ἐμφανίςαι
10 ςοι, ὅθεν τὰ ὑπὸ τοῦ Ἱπποκράτους ἐν τοῖς ἐφεξῆς περὶ αὐτῶν διαςεςαφημένα μόνον ἐκθήςο-
μαι, χάριν τοῦ τετελειωμένην ἐν τοῖς ⟨τριςὶ⟩ βιβλίοις ἔχειν ςε τὴν καθ' Ἱπποκράτην περὶ ἄρθρων
θεωρίαν. διαςαφεῖ δὲ περὶ γόνατος τοῦτον τὸν τρόπον (IV 320 L, cf. 370)· γόνυ δὲ ἀγκῶνος
εὐηθέςτερόν ἐςτιν διὰ τὴν εὐςταλίαν καὶ εὐφυΐαν· διὸ καὶ ἐκπίπτει καὶ ἐμπίπτει
ῥᾷον. ἐκπίπτει δὲ πλειςτάκις ἔςω, ἀτὰρ καὶ ἔξω καὶ ὄπιςθεν. ἐμβολαὶ δὲ ἐκ τοῦ
15 ςυγκεκάμφθαι ἢ ἐκλακτίςαι ὀξέως ἢ ςυνελίξας ταινίης ὄγκον, ἐν τῇ ἰγνύῃ θείς,
ἀμφὶ τοῦτον [τὸν] ἐξαίφνης εἴς ὄκλαςιν ἀφιέναι τὸ ςῶμα. μάλιςτα αὕτη τῶν ὄπι-
ςθεν⟨.....⟩ ςυγκάμπτειν οὐ δύνανται, ἀτὰρ οὐδὲ τοῖς ἄλλοις πάνυ· μινύθει δὲ μηροῦ
καὶ κνήμης τὰ ἔμπροςθεν. ἢν δὲ ἐς τὸ εἴςω, βλαιςότεροι· μινύθει δὲ τὰ ἔξω. ἢν
δὲ ἐς τὸ ἔξω, γαυςότεροι, χωλοὶ δὲ ἧςςον. κατὰ γὰρ τὸ παχύτατον ὀςτέον ὀχέει,
20 μινύθει δὲ τὰ ἔςω. ἐκ γενεῆς δὲ ἢ ἐν αὐξήςει κατὰ λόγον τὸν ἔμπροςθεν. τὰ
δὲ κατὰ τὰ ςφυρὰ κατάςιος ἰςχυρῆς δεῖται ἢ ταῖς χερςὶν ἢ ἄλλοις τιςί, διορ-
θώςιος δὲ ἅμα ἀμφότερα ποιούςης· κοινὸν δὲ τοῦτο πᾶςιν.

Τούτων δ' οὕτως ἐχόντων ἀναγκαῖον εἶναι νομίζομεν, ἅπερ ἐν τοῖς ⟨ἐπὶ⟩ πᾶςιν
ἀνακεφαλαιούμενος περὶ παςῶν τῶν ἐμβολῶν κατακεχώρικεν, εἰρομένως ὑποτάξαι. μᾶλλον
25 γάρ πως καὶ διὰ τούτων παρακολουθήςεις τῷ περὶ ἄρθρων καταρτιςμῶν. ἐκτέθειται δὲ τὸν
τρόπον τοῦτον (IV 136 L, cf. 358)· τῶν δὲ ἐμβολέων αἱ μὲν ἐξ ὑπεραιωρήςιος ἐμβάλλον-
ται, αἱ δὲ ἐκ κατατάςιος, αἱ δὲ ἐκ περιςφάλςιος. αὗται δὲ ἐκ τῶν ὑπερβολέων τῶν
ςχημάτων ἢ τῇ ἢ τῇ ςὺν τῷ τάχει. ὦμον δέ, αὐτὸς ὑποθεὶς τὴν πυγμὴν ἀνωθεῖν
τὴν τοῦ βραχίονος κεφαλήν· τὸν δὲ ἀγκῶνα παράγειν πρὸς τὸν ἕτερον· ἀτὰρ
30 καὶ ὀπίςω περιανάγκαςις. ἄλλο[ν] δέ, τοῖς γόναςιν τὸν ἀγκῶνα ἀπωθεῖν, τῇ
κεφαλῇ ἐς τὸ ἀκρώμιον, ὑπὸ δὲ τὴν μαςχάλην τοῦ βραχίονος ταῖς χερςὶν λαβών,
κάτω κατάγειν καὶ προςάγειν ἀντία τῇ ἑαυτοῦ κεφαλῇ. ἄλλη. ἔχεςθαι τὸν

---

3 περίνεον    4 ⟨ἂν⟩ suppl. Dtz    7 καὶ τῶν τούτων: διὰ τ. τούτων R. Schoene    8 ἱππο-
κρατη: corr. Dtz    9 των τὸν: corr. Dtz    αυτων ex αυτοι fecit m. prima    οὐ δυνατον: οὐ δέον
R. Schoene; at cf. p. 10, 23    10 μόνον ἐκθηςωμαι: corr. Dtz    11 ⟨τριςι⟩ add. Brinkmann    ἀρθρων
ex ἀρθροι fecit m. prima    14 πλιστακης εςωτε ἀτὰρ    16 αμφι τουτου τον εξεφνης    18 εςω βλεςω-
τεροι    20 των    21 αλλοισι τοιςι    22 αμφωτερα    τουτων    23 supplevi    εμβολεων    ειρω-
μενος: correxi; ἐχομένως Dtz    25 των περι: correxi    εκτεθειται    26 υπερεωρηςιος    28 ανωθη
29 παρατων    30 απωθει    31 κεφαλη τω ακρωμιον

LIBER TERTIVS 33

ἑαυτοῦ ὦμον τῇ μαcχάλῃ ἁρμόζοντα, ὥcτε ἀνοχηθῆναι, ἅμα κρέμαcθαι κατὰ τὴν
μαcχάλην, ἐκ δὲ τοῦ βραχίονος ἐκκρεμαcθῆναι, ταῖc χερcὶν διορθοῦν. ἄλλῃ.
πτέρνῃ, πληρώcαντα μαcχάλην cφαιροειδεῖ, ἐμβάλλοντα ὠθεῖν, τὴν δὲ χεῖρα
ταῖc χερcὶν ἀντικατακείμενον, τὸ δὲ cῶμά τινα κατέχειν, ὡc μὴ περιρρέπῃ· ταῦτα
χαμαὶ κείμενον. ἄλλῃ. περίοδος περὶ ὕπερον. ἄλλῃ. τῷ ὑποτεινομένῳ Εὐλῳ. ь
νῦν τὸ ὑποτεινόμενον τὴν ἄμβην λεγομένην βεβούληται δηλοῦν, ῥητῶc δὲ κατακεχωρικὼc
εὖ καὶ περὶ κλιμάκων καταρτίζεται φανερὸν πεποίηκεν τὸ ἐν τοῖc πρώτοιc ἡ διὰ ὅτι
κλῖμα⟨Ε⟩ καὶ οὐδὲν ἕτερόν [ὅτι κλῖμαΞ] ἐcτιν. ταύταc μὲν οὖν τὰc ἐμβολὰc ὃν τρόπον δεῖ
ποιεῖcθαι, διὰ τοῦ πρώτου βιβλίου φανερά cοι καθεcτάκαμεν. περὶ δὲ τῶν λοιπῶν αὐτὸc οὕτωc
διαcαφεῖ (IV 382 L)· νόμος ἐντολῆc, διορθώcιοc, ⟨ὄνοc⟩, μοχλόc, cφήν, ἱπ[π]οc, ὄνοc 10
μὲν ἀνάγειν, ὁ μοχλὸc δὲ παράγειν. τὰ δὲ ἐμβλητέα ἢ διορθωτέα διαναγκάcαι
δεῖ ἐκτείναντα, ἐν ᾧ ἕκαcτα cχήματι μέλλει ὑπεραιωρηθήcεcθαι, τὸ ἐμβὰν ὑπὲρ
τούτου ὅθεν ἐξέβη· τοῦτο δὲ χερcὶν ἢ κρεμαcμῷ ἢ ὄνοιc ἢ περί τι [χερcίν]. χερcὶν
μὲν οὖν ὀρθῶc κατὰ μέρη. ⟨καρπόν⟩ τε καὶ ἀγκῶνα ἀπόχρη ἀναγκάζειν, καρπὸν μὲν
ἐc εὐθὺ ἀγκῶνος, ἀγκῶνα δὲ ἐγγώνιον πρὸς βραχίονα ἔχοντα περὶ [τ]οῖον τὸ τῷ 15
βραχίονι [τὸ] ὑπὸ τὴν χεῖρα ὑποτεινόμενον· οἷc δὲ δακτύλου, χειρός, ποδός, καρ-
ποῦ, ὑβώματος ⟨ἐc⟩ τὸ ἔξω, ταῦτα διαναγκάcαι καὶ καταναγκάcαι δεῖ, τὰ μὲν ἄλλα ἀπὸ
χειρῶν, διανάγκαcιc δὲ τὰ ὑπερέχοντα ⟨ἐc ἔ⟩δραν πτέρνῃ ἢ θέναρί τινι ἐπί τινος.
καὶ οὕτωc ἐπὶ τῶν ὑβωμάτων ἐν κεφαλαίοιc μέμνηται (IV 382 L)· τὰ δὲ ὑβώματα τὰ μὲν
ἔcω οὔτε πταρμῷ οὔτε βηχὶ οὔτε φύcηc ἐνέcει οὔτε cικύῃ (IV 384 L)· τὰ δὲ ἔξω 20
κατάταcιc, τὰ μὲν ἄνω ἐπὶ πόδαc, τὰ δὲ κάτω τἀναντία· καταναγκαcιc δὲ cὺν
κατατάcει ἢ ἕδρῃ ἢ ποδὶ ἢ cανίδι. τὸν δὲ κατὰ μέρος πάλιν τούτων τῶν ἐμβολῶν
τρόπον τὸ δεύτερον ἡμῖν περιέχει βιβλίον. περὶ δὲ τῶν ἐν τῷ βιβλίῳ τούτῳ καταρτιcμῶν
ἐν κεφαλαίοιc διὰ τούτων μέμνηται (IV 370 L)· τὰ δὲ κατὰ τὰ cφυρὰ κατατάcιος
ἰcχυρῆc δεῖται ἢ ταῖc χερcίν, διορθώcιος δὲ ἀμφότερα ποιούcηc· κοινὸν δὲ 25
τούτων ἅπαcιν. γόνατος δέ, ἢν μὲν ὄπιcθεν, ἀμφὶ ὀθόνιον cυνειλιγμένον ἐξα-
πίνηc ἀμφικλάcαι. δύναται δὲ καὶ κατατάcει. τὰ δὲ ἔνθα ἢ ἔνθα ὀκλὰξ ἕδρῃ
ἐκλακτίcαι· ἢ κατάταcιc μὴ πάνυ, ἡ διόρθωcιc τὰ πᾶcι κοινὰ ποιέουcα. μηροῦ
δὲ κατάταcιc μὲν ἰcχυρὴ καὶ διόρθωcιc κοινὴ ἢ χερcὶν ἢ μοχλῷ, τὰ μὲν ἔcω
cτρογγύλῳ, τὰ δὲ ἔξω ὑποπλατεῖ, μάλιcτα δὲ τὸ ἔcω καὶ τὸ ἔξω· ἀcκοὺc δὲ 30
ὡcάμενον ἐc τὸ ὑπόξευρον τοῦ μηροῦ, κατατάcιος δὲ καὶ cυνδέcιος cκελῶν, κρε-
μάcαι διαλείποντα μικρὸν τοὺc πόδαc, ἔπειτα πλέξαντα κρεμαcθῆναι καὶ ἐν τῇ
διορθώcει ἅμα ἀμφότερα ποιέοντα. καὶ τῷ ἔμπροcθεν τοῦτο ἱκανὸν καὶ τοῖc

─────────────────────

1 ἀνωχηθηναι  3 cφαιρωειδη  4 'f. ἀντικατατείνειν' Dtz   περιρέπη  6 λεγομενον: correxi
7 ἠδια: ἰδίᾳ Dtz; exspectes κλιμάκιον   8 κλιμα και: corr. Dtz   [ὅτι κλῖμαΞ] seclusi   δη
9 λυπων ἁυτοιc: corr. Dtz   10 εντωληc   11 εμβλητεα ἢ διορθωταια   12 δη cχημα ὑπερθεω-
ρηθηcεcθαι  14 οcωc κατα περι τε   χειρι   αγκωνος δε αγκωνος ἐπι ενιοι προς  15 βραχιωνι
16 αποτεινομενον  18 επι τηνος   μεμνιται   20 βιχη οὔται (τα in ras. m. rec.) φυcιει ενεch οὔται
21 κατατασιος μεν ανω  22 παλην  24 μεμνιται  25 ποιεουcειc  26 ἀμφω cυνηλεγμενον
27 αμφωκλαcαι   ὀκαεΞ  28 διορθωcιοc   παcη  30 υποπλατη   δη ωcαμενον τω υποξευρον
32 διαληποντα  33 διορθωcη   και το εμπροcθεν

APOLLONIVS  5

ἐτέροιc, ἥκιcτα τῷ ἔcω. τοῦ ξύλου ὑπότασιc ὥcπερ ὤμῳ ὑπὸ τὴν χεῖρα, τοῖc ἄλλοιc ἧccον. κατανάγκαcιc δὲ μετὰ διατάcιοc, μάλιcτα τὸ ἔμπροcθεν καὶ ὅπιcθεν ἢ ποδὶ ἢ χειρὶ ἢ ἐφέζεcθαι ἢ τῇ cανίδι.

Τὰ μὲν οὖν παρ' Ἱπποκράτει περὶ ἄρθρων καταρτιcμοῦ διαcεcαφημένα καὶ διὰ τού-
5 του μὲν καὶ διὰ τῶν πρὸ αὐτοῦ δὲ δύο βιβλίων διὰ τῶν ὑποδειγμάτων ἐμφανῆ κατεcτή-
caμεν. λοιπὸν δὲ ἐάν τινα τῶν κατακεχωριcμένων ἐπιζητῇc διὰ τὸ τῆc Ἱπποκράτου⟨c⟩ λέξεωc ἀcαφέc, τῆc ἐνδεχομένηc διαcτολῆc τεύξεται.

---

2 ἧc εἴcον    2 διαcταcιοc    4 ιπποκρατη    τούτων: correxi    5 υποδιγματων εμφανει: corr.
Dtz    6 ιπποκρατου: corr. Dtz

# REGISTER

## I

## II

## Druckfehler und Nachtrag.

Verlag von B. G. Teubner, Leipzig

Lichtdruck von Albert Frisch, Berlin.

Verlag von B. G. Teubner, Leipzig. Lichtdruck von Albert Frisch, Berlin.

Verlag von B. G. Teubner, Leipzig          Lichtdruck von Albert Frisch, Berlin.

Verlag von B. G. Teubner, Leipzig.              Lichtdruck von Albert Frisch, Berlin.

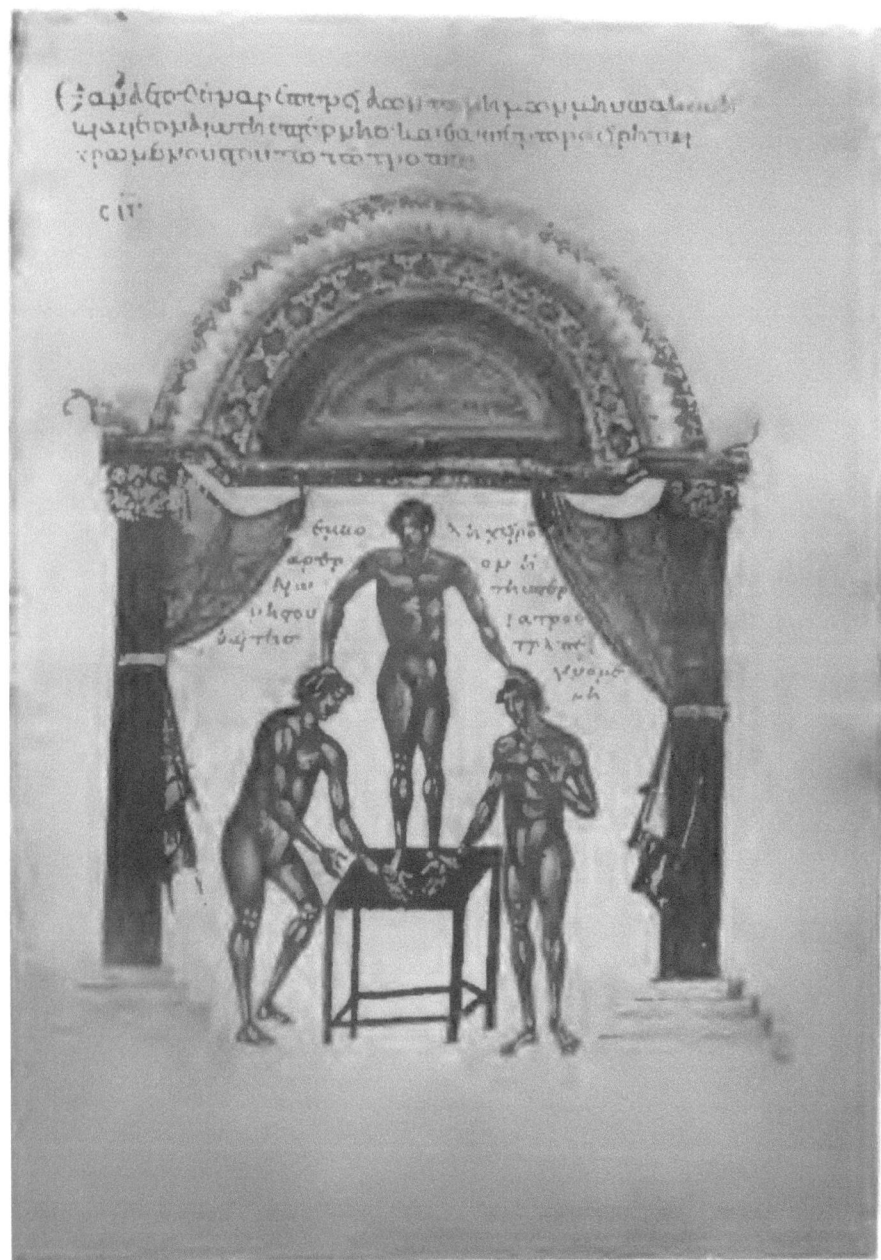

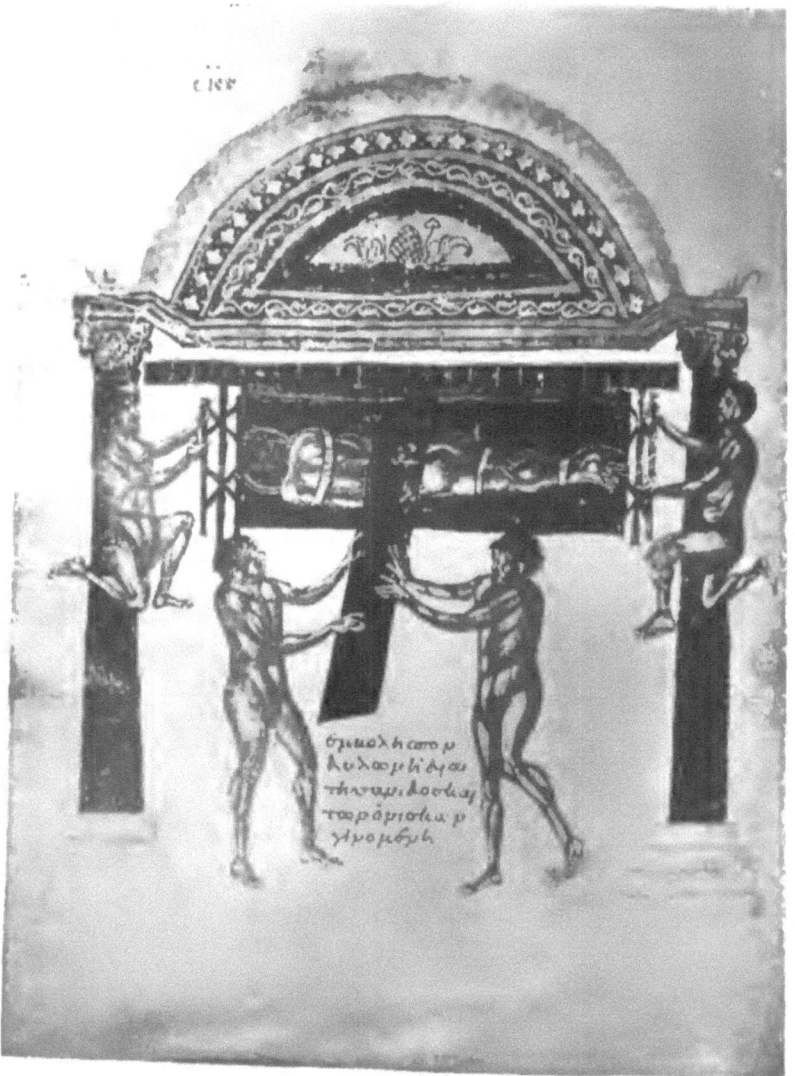

Verlag von B. G. Teubner, Leipzig.　　　　　　　Lichtdruck von Albert Frisch, Berlin.

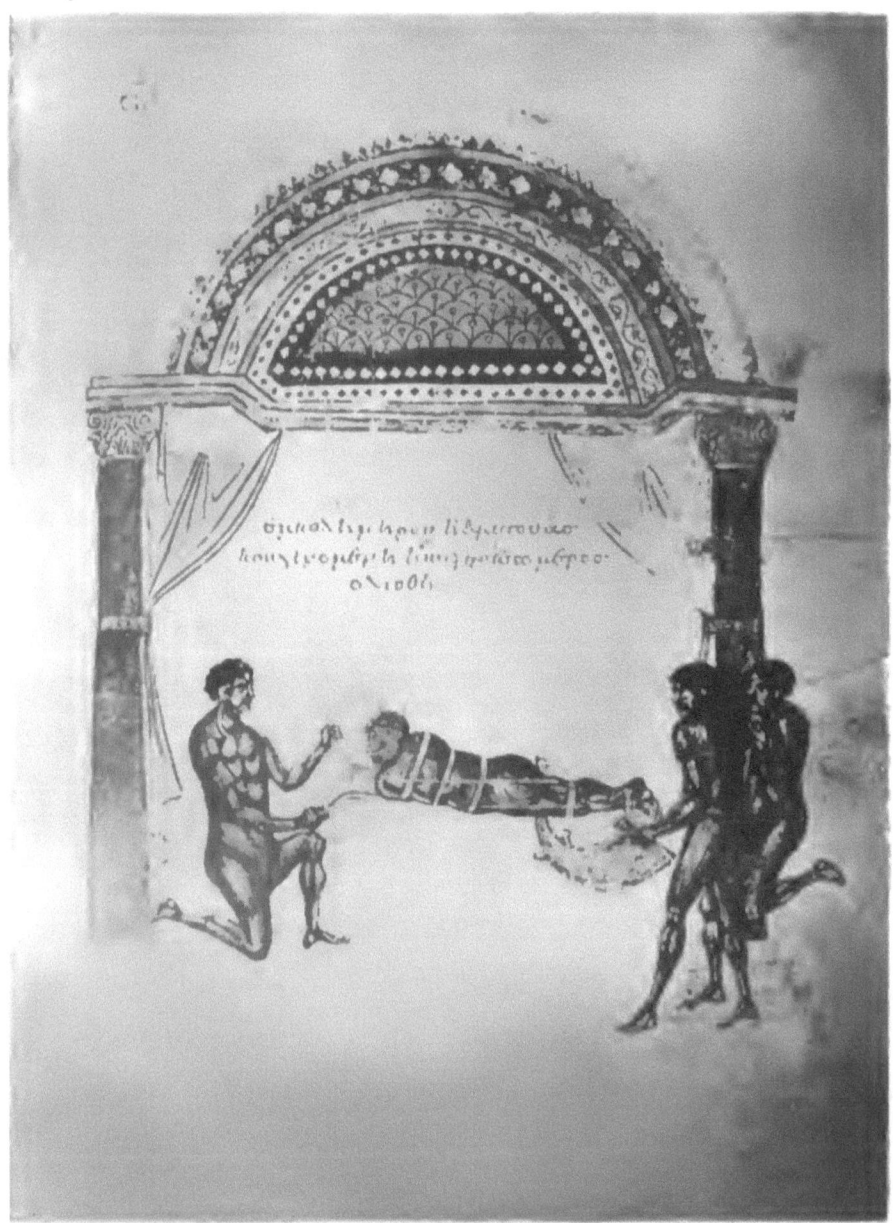

Verlag von B. G. Teubner, Leipzig. Lichtdruck von Albert Frisch, Berlin.

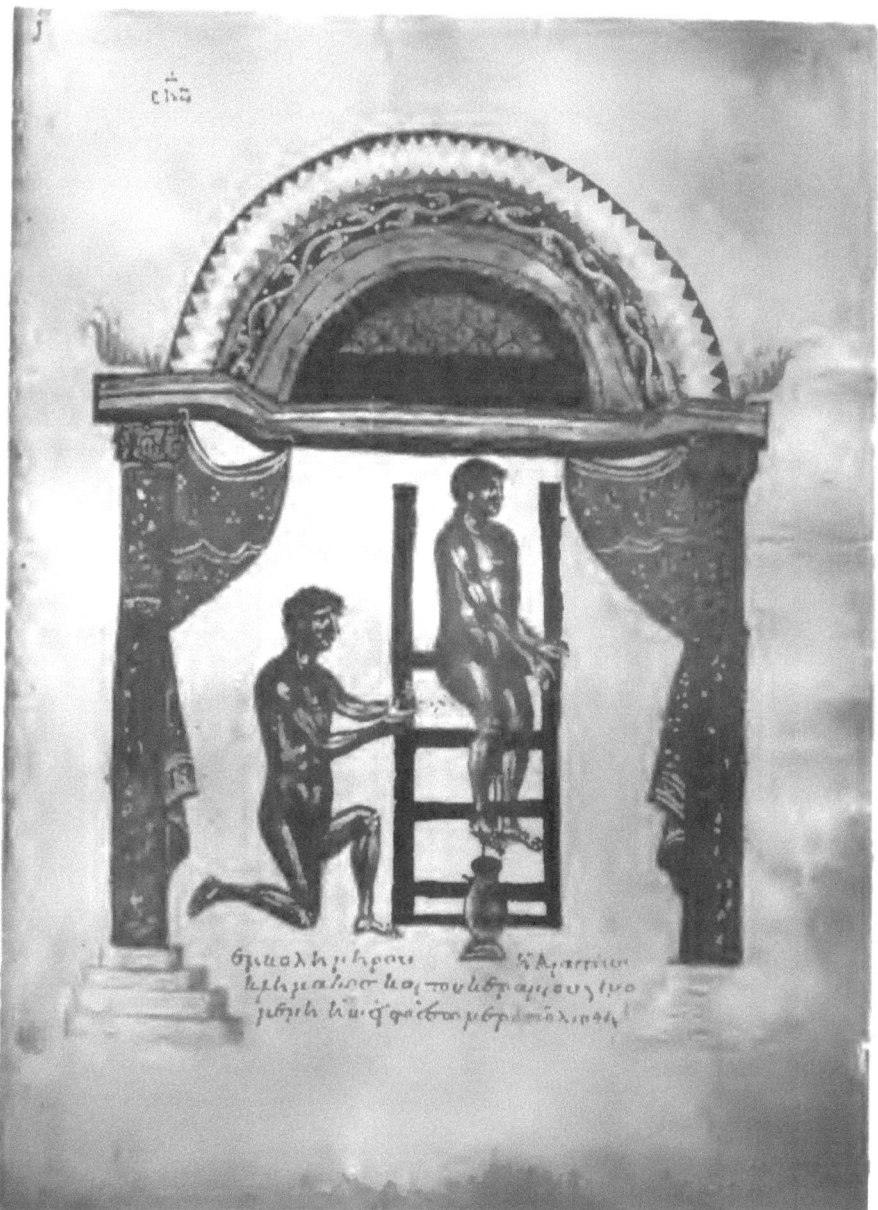

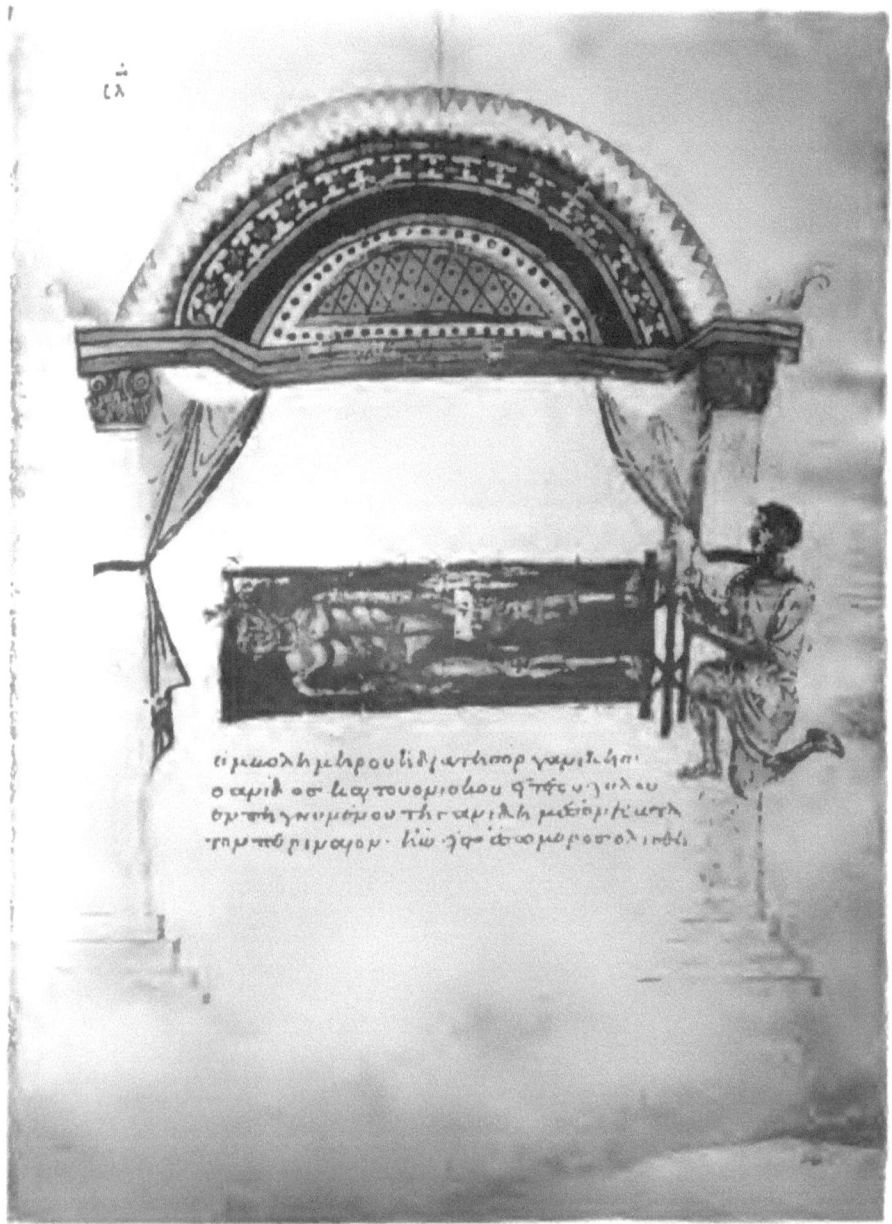

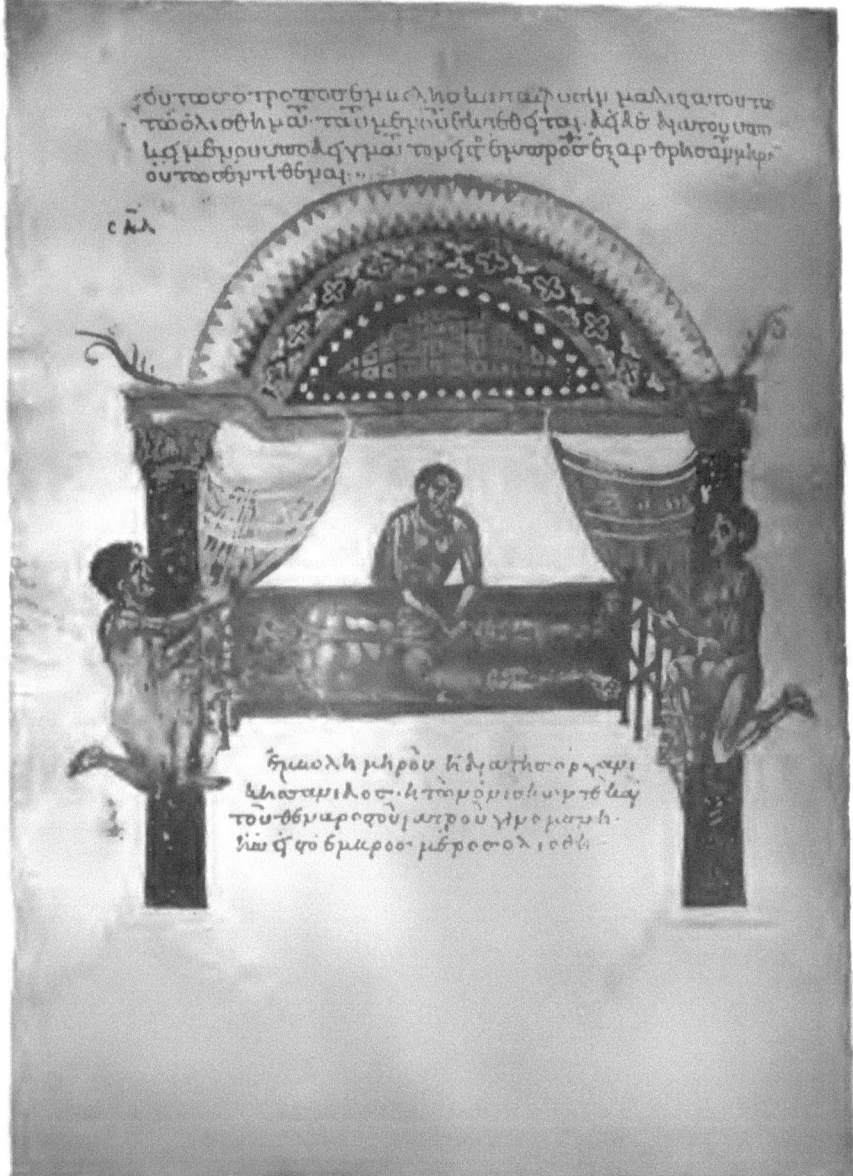

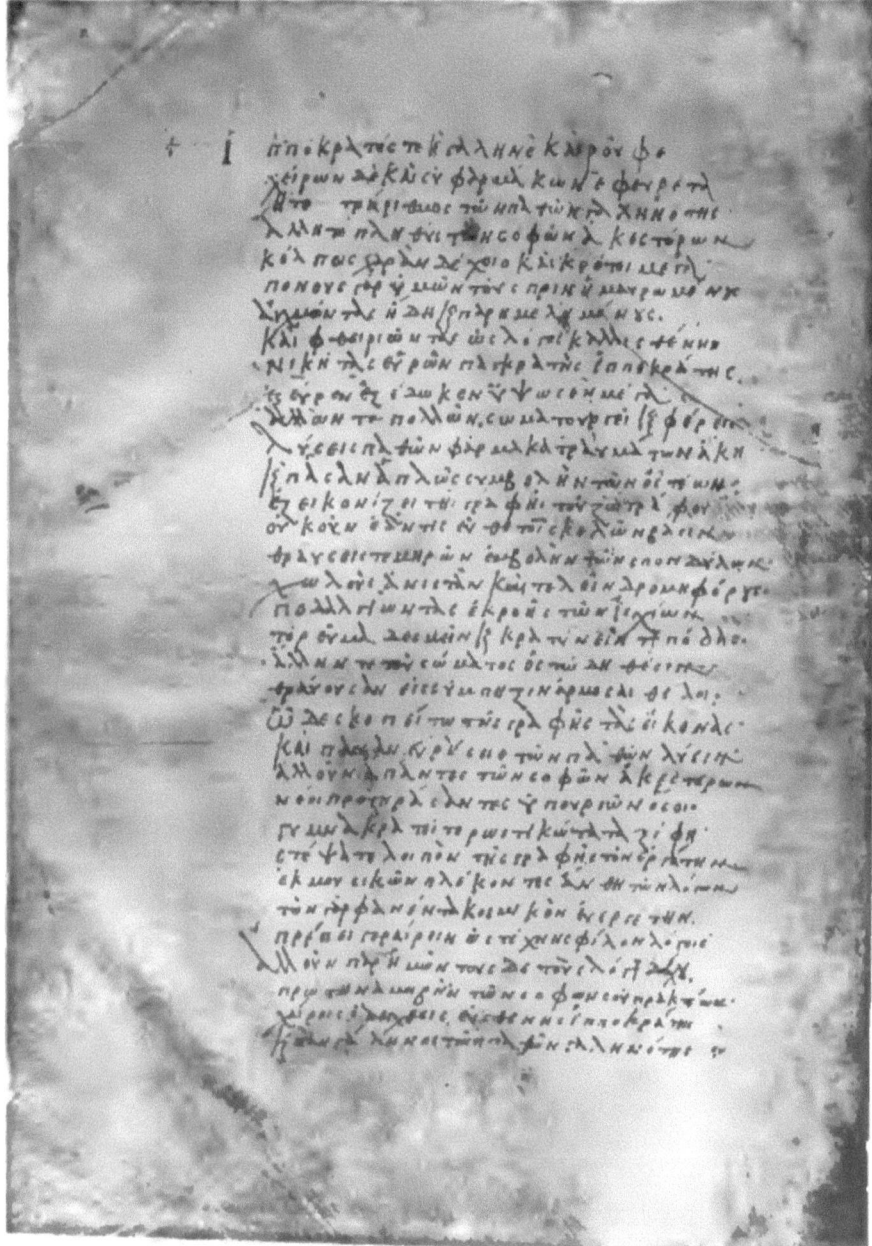

Verlag von B. G. Teubner, Leipzig.  Lichtdruck von Albert Frisch, Berlin.